10대와 통하는 사회 이야기

제1판 제1쇄 발행일 2015년 12월 25일
제1판 제4쇄 발행일 2019년 10월 3일

지은이 —— 손석춘
기 획 —— 책도둑(박정훈, 박정식, 김민호)
디자인 —— 장원석
펴낸이 —— 김은지
펴낸곳 —— 철수와영희
등록번호 —— 제319-2005-42호
주 소 —— 서울시 마포구 월드컵로 65, 302호(망원동, 양경회관)
전 화 —— (02)332-0815
팩 스 —— (02)6091-0815
전자우편 —— chulsu815@hanmail.net

ISBN 978-89-93463-88-0 43300

철수와영희 출판사는 '어린이' 철수와 영희, '어른' 철수와 영희에게
도움 되는 책을 펴내기 위해 노력하고 있습니다.

10대를 위한 책도둑 **23** 시리즈

10대와 통하는
사회 이야기

◉ 손석춘 지음 ◉

철수와영희

'SNS' 즐기며 '사회'도 모른다면

"낫 놓고 ㄱ자도 모른다."

누구나 알고 있는 우리 속담입니다. 농민이 사회구성원의 대다수를 차지했던 시대에 낫은 가장 중요한 도구였습니다. 낫을 사용한 경험이 없는 사람도 낫이 어떻게 생겼는지는 알았지요. 'ㄱ' 모양인 낫을 앞에 두고도 'ㄱ'자를 모른다면, 무식하다고 핀잔을 듣기 십상이었습니다.

문제는 그냥 무식하다는 소리를 듣는 데 그치지 않습니다. 역사가 생생하게 가르쳐주고 있듯이, 신분제 사회에서 대다수의 사람들은 오랜 세월에 걸쳐 왕과 양반계급(서양의 귀족계급)의 지배를 받았으며, '문맹' 상태였습니다.

21세기인 지금, 이 책은 "SNS 즐기며 '사회'도 모른다."라는 새 경구를 던집니다.

당장 옆에 있는 친구에게 'SNS'를 물어볼까요? 아마 SNS를 모를 친구는 없겠지요. 그런데 SNS가 '사회관계망 서비스', 곧 'Social Networking Service'의 줄임말이라는 것을 정확히 알지 못하는 친구는 적잖게 있습니다. 더 나아가 그 '사회관계망 서비스'의 '사회'나 '사회관계망'이 무엇인지 생각해본 친구는 얼마나 될까요?

가만히 스스로에게 물어보세요. 스마트폰을 늘 몸에 지니고 다니면서 SNS를 즐기면서도 정작 그 이름에 붙은 '사회'의 뜻을 잘 몰라도 될까요? 물론 그까짓 뜻을 몰라도 지금처럼 '카카오스토리', '트위터', '페이스북'을 얼마든지 할 수 있습니다. '이름의 뜻'이 그리 중요하냐고 되물을 수도 있겠지요.

하지만 바로 그 순간, 단언하거니와 낫 놓고 'ㄱ'자도 모르는 '가장 멍청한 사람'이 될 가능성이 높습니다. 청소년에게 이 책을 읽히려고 괜스레 던지는 미끼나 협박이 결코 아닙니다. 최근 미국에선 SNS에 몰입하는 청소년 세대를 통렬하게 분석한 책이 화제가 되고 있습니다. 대학 교수인 마크 바우어라인(Mark Bauerlein)은 디지털 시대의 청소년을 "가장 멍청한 세대(The Dumbest Generation)"로 꼬집었습니다. 하지만 이는 미국 사회에서만의 현상은 아닙니다. 스마트폰으로 언제 어디서든 손쉽고 빠르게 친구, 정보, 상품, 오락을 접할 수 있게 되면서 시시콜콜한 잡담과 하찮은 호기심으로 10대 시절을 낭비하는 현상은 이미 한국에서도 지천으로 나타나고 있습니다.

미국 청소년 사이에서 화제가 되었던 「아메리칸 틴」이라는 다큐

멘터리에는 쉽게 들뜨는 한 여학생이 즉흥적으로 남자 친구에게 자신의 가슴을 노출한 사진을 SNS로 보낸 사례가 나옵니다. 다른 여학생 두 명이 우연히 그 사진을 손에 넣은 뒤 재미삼아 자기 SNS로 유포했지요. 다음날 아침, 그 여고생이 등교했을 때는 이미 전교생 모두가 사진을 다운로드받아 공유한 상태였습니다. 디지털 시대의 10대가 즐기는 SNS, 그러니까 '사회관계망 서비스'는 정말 '사회적'일까요?

한편 미국의 어느 10대는 책을 전혀 읽지 않는 자신을 부끄러워하기는커녕 되레 자랑스럽게 널리 알리고 싶어 안달이었습니다. 책은 따분하기 짝이 없어 읽지 않는다고 서슴없이 자신의 '천박함'을 SNS로 과시하는 10대의 얼굴을 보며 미국 사회는 큰 충격을 받았습니다.

과연 이것이 미국만의 현상일까요? 미끼도 협박도 아니고 있는 그대로 단언할게요. 스마트폰으로 단편적인 뉴스, 특히 연예인이나 스포츠 소식에만 관심을 기울이거나 게임과 오락, 포르노로 하루하루를 보낸다면, 미국의 정보기술 사상가 니콜라스 카(Nicholas G. Carr)가 조롱한 것처럼 '천박한 인간(The Shallows)'으로 전락하는 것은 시간문제일 뿐, 필연입니다.

사회관계망 서비스(SNS)를 내내 즐기면서 실제로는 '사회'나 '사회관계'에서 명청한 인간이나 천박한 사람이 된다면, 어떤가요? "저놈은 낫 놓고 ㄱ자도 몰라."라며 조선 시대 양반들로부터 업신여김을 당했던 사람들과 다를 것이 없겠지요.

'사회'가, '사회관계망'이 무엇인지에 대한 '기본 지식'을 10대들이 가지고 있어야 할 이유가 여기에 있습니다. 사회와 사회관계망에 대한 사고의 지평이 넓어지고 깊어지면, 친구 관계도 학교생활도 사뭇 새롭게 다가옵니다. 친구와의 사귐, 학교생활 또한 모두 사회 현상이니까요. 무엇보다 나 자신을 새롭게 발견할 수 있습니다.

　사회적 존재로서 자기를 발견하기, 사회와 나를 관계 지어 보기, 청소년 시기에 꼭 필요한 성찰입니다. 사회를 아는 만큼 내가 보이니까요. 자, 그럼 지금부터 학교 밖으로, '사회'로 들어가 봅시다.

2015년 12월
손석춘

차례

2부 사회는 어디까지 커왔을까?

3부 사회는 앞으로 어떻게 성숙할까?

1부

사회와 나는 어떤 관계일까?

1장
'나는 사회와 무관하다'라는 무서운 착각

들어가는 말에서 독자에게 "지금부터 학교 밖으로, '사회'로 들어가 보자."라고 했지요. 하지만 그 말은 잘못입니다. 물론 그 잘못을 저지른 데는 의도가 있죠. 흔히 쓰는 말에서 문제점을 발견하는 창조적 사고를 북돋기 위해서입니다.

학교 밖으로, 사회로 들어가자는 말에는 어떤 문제가 있을까요? 조금만 짚어보면 금세 오류를 파악할 수 있습니다. 학교 밖 사회로 들어가자는 말은 학교가 사회와 별개로 있다는 착각을 전제하고 있습니다.

하지만 이미 학교는 사회 속에 존재합니다. 당장 대한민국 중·고등학생들이 '입시 지옥'에 시달리는 것은 한국 사회와 직접적 연관성이 있어서입니다. 지구촌의 다른 사회들에서 살고 있는 10대들과 견주어보면 확인할 수 있지요.

우리 중·고등학생들처럼 입시 지옥에 갇혀 학교를 마치자마자 저마다 학원으로 가거나, 밤이 깊도록 학교에 남아 '야간 자율학습'을 하는 모습은 지구촌 어디에서도 찾기 어려운 살풍경입니다. 그러니까 지금 이 순간 중·고등학생으로 살아가는 개개인은 이미 특정 사회, 곧 한국 사회로부터 규정을 받고 있다는 뜻입니다

그럼에도 '나는 사회에 관심이 없다.'라거나 '사회문제는 나와 무관하다.'라고 생각하는 10대 친구들이 우리 주변에 적지 않습니다. 스마트폰으로 사회관계망 서비스(SNS)를 노상 즐기면서도 '사회'를 모르는, 또는 알고 싶어 하지 않는 10대들에게 가슴 아프지만 꼭 들려주고 싶은 사건이 있습니다.

세월호, 한국 사회가 만들어낸 비극

아직도 악몽처럼 다가올 친구들이 적지 않겠지만, 2014년 4월 16일을 떠올려볼까요. 한국 사회에서 살아가는 사람들에게 커다란 충격과 상처를 준 일이 일어납니다. 이제 그 일은 잊고 새로 출발해야 한다고 주장하는 사람도 있지만 그렇지 않습니다. 자칫 똑같은 사건이 또 일어날 수 있으니까요. 가슴 아프더라도 그날의 참사를 차분히 짚어봅시다.

그날 경기도 안산에 있는 단원고등학교 2학년 학생 325명은 제주

도 수학여행 길에 올랐습니다. 인천 부두에 안개가 짙어 출항은 2시간이나 늦어졌지만 바다는 잔잔했습니다. 선상 불꽃놀이를 즐기며 학생들은 커다란 여객선으로 바다를 항해하는 기쁨, 곧 제주도에 도착한다는 기대감에 부풀었지요. 다음날 아침은 안개도 가뭇없이 사라지고, 고요한 바다에 새벽노을이 아름다웠습니다.

하지만 그 순간, 배가 갑자기 한쪽으로 쏠리며 기울기 시작했습니다. 처음에 학생들은 큰 걱정을 하지 않았습니다. 배가 곧장 침몰하는 것도 아니고, "선실에 가만히 있으라."라는 선내 방송이 이어졌기 때문입니다.

> 단원고 학생 여러분 및 선생님 여러분께 다시 한 번 안내 말씀드립니다. 현재 위치에서 절대 이동하지 마시고 대기해주시기 바랍니다.

학생들은 방송을 믿을 수밖에 없는 상황이었습니다. 방송을 믿고 구조를 기다리며 학생들은 오히려 침착하고 의연하게 당시 상황을 스마트폰에 담고, 부모를 위로하는 문자까지 보냈습니다. 서로 격려하는 말을 나누는 모습도 남겼습니다.

만일 그 방송만 없었다면 학생들과 선생님들은 침착하게 탈출했을 가능성이 높지요. 이미 밖에는 해경 구조대들이 도착해 있었습니다. 참사 뒤에 전문가들이 '모의실험(시뮬레이션)'을 해본 결과, 승객 모두를 구조할 수 있는 상황이었습니다.

생때같은 10대들이 생죽음 당한 세월호 참사는 한국 사회 언론만이 아니라 지구촌 여러 나라의 미디어들도 보도했습니다. 보도하는 각국 기자들 모두가 고개를 갸우뚱할 만큼 생게망게한 사건이었으니까요. 세월호 참사를 세계 여러 나라에서 보도한 까닭은 그들이 이해할 수 없는 참사가 벌어졌기 때문입니다.

폭풍우는커녕 비도 내리지 않아 파도가 잔잔한 바다에서 초대형 여객선이 침몰하는 사건을 이해하기는 쉽지 않습니다. 더구나 여객선이 기울기 시작해 완전히 가라앉을 때까지 100분이나 걸렸습니다. 촌각을 다투며 구조에 나서야 할 상황이었음을 감안하면, 1시간 40분 동안 과연 무엇을 했는지를 이해하기는 더 힘들 수밖에 없겠지요. 선내 방송으로 "가만히 있어라."라고 해놓고, 그 시각에 선장과 선원들은 탈출해서 안전한 배로 옮겨간 사건을 과연 이해할 수 있을까요? 얼마나 황당하면, 다른 나라 언론들이 선장을 '악마'라고 보도했을까요.

그럼에도 적잖은 사람들이 세월호를 단순히 '교통사고'로 여깁니다. 심지어 문제점을 짚어보자는 사람들을 '불온'하게 보는 사람들도 있습니다. 하지만 생각해보세요. 어떤 교통사고가 100분에 걸쳐 천천히 일어나나요. 어떤 교통사고가 구조할 수 있었는데 구조를 못하고 수백 명이 숨지나요.

어린 시절을 떠올려볼까요. 축구를 하다가 넘어져 무릎에 상처가 나면 어떻게 하나요? 피가 나는 상처를 그냥 두면 곪아갑니다. 당장은 조금 더 아프더라도 상처를 소독해야 하지요. 세월호의 상처도 외면하지 말고 직시해야 합니다.

세월호 참사는 단순히 바다에서 일어난 자연 재해가 아닙니다. 한국 사회라는 독특한 사회에서 일어난 일이라는 뜻이지요. 물론 한국 사회에서 일어난 독특한 사건들은 하나둘이 아닙니다. 이를테면 등굣길과 출근길에 갑자기 다리가 무너져 수십 명이 한강에 떨어져 죽은 성수대교 사고, 불법 증축으로 인해 건물이 붕괴돼 수백 명이 숨진 삼풍백화점 사고는 더 많은 돈을 벌기 위해서라면 사람의 생명까지 경시해온 한국 사회의 단면을 드러내주었습니다. 세월호 참사도 그 연장선에 있지요.

이와 같은 참사를 더는 되풀이하지 않으려면 설령 기억하고 싶지 않은 사건이라고 하더라도 정확한 이해가 필요합니다.

무분별한 규제 완화의 결과

무릇 사회적 사건이 일어나는 데에는 여러 원인과 조건이 있습니다. 세월호 참사도 마찬가지입니다. '인명재천'이라며 사람이 일찍 죽거나 오래 사는 일은 '운명'이나 '팔자'라고 여길 때, 참극은 재발할 가능성이 높습니다. 참사의 원인과 조건들을 찬찬히 톺아보아야 할 이유가 여기에 있습니다.

10대 친구들의 생명을 단숨에 앗아간 세월호 참사는 무엇보다도 이른바 '규제 완화'라는 사회적 선택과 직접적 연관이 있습니다. 여객선을 운항해서 돈을 버는 해운회사들은 더 많은 돈을 벌기 위해

선박의 운항 연령 제한을 완화해달라고 정부에 꾸준히 요구했습니다. 이윤을 좇는 기업들의 청탁을 이명박 정부가 '규제 완화'라는 그럴 듯한 명분으로 선뜻 수용했지요. 여객선의 운항 연령 제한을 20년에서 30년으로 늘려 주었습니다. 그 결과 일본에서 여객선으로 운항하다가 낡아 더는 쓰지 않으려고 내놓은 배를 청해진해운이 수입하게 됩니다.

그러니까 만일 해운회사의 요청을 받아들여 운항 연령 제한을 완화하지 않았다면, 침몰한 세월호는 서해를 운항하지 못했을 터입니다. 더 나아가 '규제 완화'를 내건 대통령 후보가 2007년 12월 대선에서 당선되지 않았더라면, 세월호 참사는 일어나지 않았을 사건이지요. 그건 정치적 판단도, 과도한 추론도 아닙니다. 엄연한 사실입니다.

'규제 완화'라고 하면 얼핏 좋은 말처럼 들리지만, 그 말에는 목적어가 빠져 있지요. 만일 그 규제가 10대 학생들에게 빡빡 깎은 머리 따위를 강제하는 규제라면 얼마든지 완화하거나 없애야겠지요. 하지만 한국 사회에서 '규제 완화'를 쓸 때, 그 대부분은 사회구성원의 권익이나 인권을 위해 규제를 완화하겠다는 뜻이 아닙니다. 더 많은 돈(이윤)을 벌려고 수단과 방법을 가리지 않는 자본의 탐욕에 대한 규제를 완화하겠다는 의미입니다. 그것을 완화할 때 어떻게 될까요? 세월호 참사와 같은 비극이 일어납니다.

흔히 관점에 따라 다르게 본다고 하지만, 관점이나 가치 판단 이전에 사실 관계를 명확하게 파악할 필요가 있습니다. 자본에 대한

'규제 완화'로 일본에서 더는 쓰지 않으려는 낡은 여객선을 청해진해운이 들여왔고, 그 낡은 배에 더 많은 승객을 태우려고 증축까지 감행했습니다. 그 결과 배의 무게중심이 올라가 전복 가능성이 높아졌지요. 규제 완화가 국정목표로 제시되고, 날마다 규제를 없애야 한다는 분위기가 조성되면서 그나마 남아 있는 규제조차 지키지 않는 행태가 자행되었습니다. 해운회사는 더 많은 돈을 벌려고 세월호에 기준치를 훨씬 초과해 화물을 실으면서, 배가 흔들릴 때 중심을 잡아줄 평형수까지 대폭 덜어냈습니다.

규제 완화의 '혜택'을 받은 해운회사인 청해진해운은 그것도 모자라 '비용'을 줄인다며 선장과 선원들을 비정규직으로 고용했습니다. 비정규직 노동자는 일정한 계약 기간만 일하는 노동자로 '기간제 노동자', '단시간 노동자', '파견 노동자'가 모두 비정규직 노동자입니다. 정규직 노동자와 달리 계약기간이 끝나면 언제 해고될지 몰라 늘 일자리가 불안하고, 그래서 부당한 지시도 따를 수밖에 없는 사람들이지요. 게다가 정규직 노동자에 비해 월급 수준이 절반입니다. 따라서 흔히 말하는 '주인 의식'을 갖기 어려운 비정규직 선장과 선원이 위기 상황에서 직업적 책임감을 발휘하기는 말처럼 쉬운 일이 아닙니다. 만일 세월호의 선장과 선원이 모두 정규직 노동자였다면, 침몰하는 배에서 자기들만 살겠다며 도망치지 않았을 가능성이 높습니다.

지금까지 짚은 사실만으로도 우리는 10대 친구들이 수학여행 길에 올랐다가 잔잔한 바다에서 떼죽음을 당한 사건은 결코 운명도 우연도 아니라는 사실을 확인할 수 있습니다.

2014년 4월 16일, 단원고 2학년 학생들 250여 명이 고요한 바다에서 참혹하게 수장 당한 사건을 우리가 잊지 말아야 할 이유는 내 내 슬픔에 젖자는 데 있는 것이 아닙니다. 다시는 그런 참극이 벌어지지 않도록 고쳐야 할 것을 고치자는 데 있습니다. 그러지 못할 때, 우리 친구들의 죽음은 더 억울하지 않을까요.

듣기 좋은 말에 숨겨진 비밀

따라서 각 개인이 살아가는 삶의 모습이 사회 속에서 이뤄지고 있다는 기본적인 사실을 정확히 바라보아야 합니다. "나는 사회에 관심 없다."라며 사회적 무관심을 자랑으로 삼을 때, 그 무지는 언제든 타인은 물론 자신의 삶을 파괴할 수 있으니까요.

이를테면 뜻있는 사람들이 만든 여러 사회단체들이 기업의 이윤 추구에 대한 규제 완화는 삶의 위기를 가져올 수밖에 없다고 반대할 때, 한국 사회의 대다수 구성원들은 그 문제가 나오는 전혀 무관하다며 무심했습니다. 한국 사회에 비정규직 노동자가 가파르게 늘어나는 현실을 비판하며 노동자들이 정규직 전환 요구를 내걸고 애면글면 싸움에 나설 때, 도와주기는커녕 외면하고 심지어 적대적 태도를 보인 사람들도 있습니다.

그런데 차분히 생각해볼까요. '자본에 대한 규제 완화'와 '노동시장 유연화'―표현은 부드럽지만 기실 비정규직을 늘리고 노동자들의 해고를 쉽게 하는 정책을 뜻합니다―를 '두 날개'로 한 신자유주의에 대해 그것은 나와 관계없다는 생각, 바로 그것이 세월호 참사로 나타났습니다. 일본에선 운항하지 않는 낡은 선박을 수입해오고, 비정규직 선장과 선원들이 회사 고위 간부가 시키는 대로 평형수까지 쏟아내며 화물을 과적한 뒤 출항했으니까요.

개개인이 자기 생명을 지키기 위해서라도 내 삶이 사회와 무관하지 않다는 진실을 냉철하게 짚어야 합니다. 세월호 참사 앞에서도 그것이 자본에 대한 규제 완화, 노동시장 유연화라는 미명 아래 비정규직이 크게 늘어나는 현실과 연결되어 있다는 진실을 직시하지 못할 때, 비슷한 비극은 또 일어날 수밖에 없으니까요.

얼핏 듣기에 신자유주의라는 말은 '어감'이 좋습니다. 하지만 그렇기 때문에 더욱더 진실을 파악하는 수고를 아끼지 말아야 합니다. '노동시장 유연화'는 좋은 말처럼 들리지만 실상은 노동자를 마음대로 해고할 수 있는 것을 의미합니다. 신자유주의도 마찬가지입니다. '새로운 자유'를 내걸고 있지만, 그 자유는 자본의 이윤 추구 행위에 어떤 제한도 없는 자유, 그러니까 자본의 자유, 시장의 자유를 뜻합니다.

여기서 우리는 일상적으로 쓰는 말에도 사회적 의미가 얼마나 깊숙이 담겨 있는가를 파악할 수 있습니다. 비정규직을 늘리고 해고를 자유롭게 하겠다면, 우리 사회에서 그것에 선뜻 찬성할 사람들이 많이 있을까요?

그렇지 않겠지요. 그러니까 그것을 '노동시장 유연화'라는 말로 포장하는 것입니다. '유연하다.'라는 말은 국어사전적 의미로 "움직임이 부드럽고 연하다."라거나 "태도나 분위기가 한쪽으로 치우치지 않고 융통성이 있다."라는 뜻입니다. 흔히 경직된 사람은 나쁜 뜻으로, 유연한 사람은 좋은 뜻으로 쓰이잖아요. 그러다 보니 '노동시장 유연화'라는 말에 일단 '호감'을 갖게 되는 것입니다.

모든 걸 돈 많은 사람들, 자본의 자유에 맡기자는 데 찬성할 사람은 많지 않을 겁니다. 그래서 '신자유주의'라는 이름을 내걸지요. 사실 뻔뻔한 거짓말이지만, 그 말을 정치인·경제인들이 쓰고 언론인들과 대학 교수들이 쓰면 그대로 따라가게 됩니다.

'신자유주의'가 이름과 달리 실제로는 자본이 이윤을 추구하는 자유를 뜻하며, 모든 것을 시장에 맡김으로써 부익부 빈익빈을 몰고 온다는 본질을 파악해야 옳습니다. '신자유주의'나 '노동시장 유연화'라는 이름을 붙이는 자본의 의도를 파악하면 그것을 넘어서자는 뜻이 더 모아질 수 있습니다.

사회와 무관한 개인은 없다

세월호 참사와 관련하여 성찰할 또 다른 대목은 우리가 모두 '경쟁 중심' 사회에 살고 있다는 사실입니다. 한국 사회에서 태어난 모든 사람은 유치원에 들어가기 전부터 학원을 오가며 경쟁세계로 들어갑니다. 초등학교에 들어가면 이른바 '명문대'에 들어가야 한다는 입시 경쟁을 의식해야 하지요. 험한 10대를 보내고 대학에 들어가서도 취업 경쟁에 시달려야 합니다. 취업을 해도 중간에 퇴직당하지 않으려면, 동료와 경쟁해야 합니다. 경쟁에서 탈락한 사람들에게 한국 사회는 냉정합니다. 그래서 모두 제각각 스스로 살길을 찾는 '각자도생'의 길을 걸어갑니다.

세월호에 기준을 훨씬 넘어선 화물을 선적해도 그 사실을 모르쇠합니다. 공연히 문제를 제기했다가 '애사심' 없는 사람으로 몰려 해고되면 자기만 손해라고 생각하기 때문입니다. 비정규직으로 일해도, 실업자보다는 그나마 낫다고 불평등을 받아들입니다. 그러다 배가 침몰하는 상황에 이르면, 평소 사회로부터 아무런 배려도 받지못한 사람들은 '각자도생'으로 나부터 살아야 한다는 생각을 갖기십상이지요. 다른 사람들은 배에 갇혀 죽어가도 자신이 구조되었으면 충분하고, 그래서 세월호 선원 중 한 명은 구출된 뒤 병원에서 바닷물에 젖은 지폐를 태연히 말리는 행동을 서슴지 않게 됩니다.

지금 이 글을 읽는 독자 가운데도 입시 경쟁은 어쩔 수 없지 않느냐고 생각하는 10대가 있을 터입니다. 기실 10대만이 아니지요. 기성세대 가운데도 경쟁을 최상의 가치로 여기고, 거기서 뒤처지는 것을 실패로 여기는 사람들이 많습니다.

10대든 기성세대든 흔히 사람들은 자신이 살고 있는 사회를 보편적이라고 생각하기 쉽습니다. 하지만 한국 사회만이 아니라 어떤 사회도 보편적일 수 없습니다. 개개인의 삶에 큰 영향을 끼치는 사회는 언제나 특정한 시간과 공간에서 형성됩니다.

가정해볼까요? 만일 독자가 미국 사회에서 태어났다면 세상을 바라보는 눈이 지금과 다를 터입니다. 아마도 기독교인으로 미국의 세계 패권주의를 당연하게 받아들일 가능성이 높습니다. 물론 미국 사회에서도 흑인으로 태어나느냐, 백인으로 태어나느냐에 따라 사회를 바라보는 눈이 다를 게 분명합니다. 백인 경찰이 흑인 범죄 용의자들에게 가혹하게 총을 쏠 때, 독자가 백인이라면 치안 때문에 어쩔 수 없다고 생각할 개인이 되어 있을 가능성이 높고, 흑인이라면 백인들의 변함없는 인종차별에 타오르는 분노를 삭일 수 없을 가능성이 크겠지요.

그런데 만일 독자가 아랍 사회에서 태어났다면 어떨까요? 독실한 이슬람교인으로서 미국의 세계 패권주의에 맞서 싸우는 전사로 커나갈 가능성이 높습니다. 물론 아랍 사회에서도 운 좋게 사우디아라비아의 왕실에서 태어났다면, 미국과 손잡고 평생을 호사스럽게 보내겠지요.

굳이 멀리 짚을 게 아니라 당장 남과 북으로 갈라진 우리를 돌아봅시다. 만일 독자가 비무장지대(DMZ)의 남쪽이 아니라 북쪽에서 태어났다면, 개개인의 인성이나 세계관은 지금과 사뭇 다를 터입니다. 비단 공간만의 문제가 아닙니다. 시간의 문제도 있으니까요. 만일 100년 전에 태어났다면 같은 한국인이라도 지금과는 전혀 다른 개개인이 되어 있지 않을까요?

그러니까 명확한 진실을 확인하고 갈 필요가 있습니다. 우리 개개인은 사회와 무관할 수 없습니다. 그 사회의 과거가 역사입니다. 따라서 어떤 개인도 역사와 사회로부터 자유로울 수 없지요. 깊은 영향을 받게 됩니다.

다시 10대들의 일상으로 돌아와 볼까요? 전 세계에서 한국의 10대들처럼 대학 입시로 스트레스 받는 청소년들은 없습니다. 이 모두가 경쟁 중심의 사회가 만들어온 문화입니다. 한국 사회는 앞서도 말했듯이 각자도생하는 경쟁사회입니다.

그러다 보니 부모들은 거의 예외 없이 자녀들이 경쟁력을 갖추도록 최선을 다하지요. 더구나 학벌사회에서 자신이 부당하게 피해를 본 부모일수록 자녀들에게 경쟁력을 재촉하게 됩니다. 그러니까 10대 청소년들을 '입시 지옥'으로 내몰고 있는 현실은 엄밀하게 말해서 '부모 잘못'이라기보다 '사회 잘못'이라고 할 수 있겠지요. 나와 사회가 무관하지 않다는 진실을 여기서도 확인할 수 있습니다.

만일 한국 사회에서 살아가는 사람들이 생존권은 전혀 걱정할 필요가 없고 고등학교 졸업생과 대학 졸업생 사이에 월급 차이가 없이 일만으로 평가받는다면, 무엇을 하든 인간으로서 존엄성은 지키며 살 수 있다면 어떻게 될까요? 당장 많은 10대들의 꿈이 바뀔 수 있습니다.

가령 10대 독자들이 어머니나 아버지에게 꿈이 '소설가'나 '화가'라고 말했다면, 대부분 환영받지 못했을 가능성이 높습니다. 부모로서는 과연 그 길로 걸어가서 내 자식이 밥이라도 먹고 살 수 있을까 걱정이 앞섰겠지요.

하지만 북유럽 복지 사회에서라면, 꼭 스웨덴이나 노르웨이가 아니더라도 어느 정도 사회보장이 제도화된 유럽에서라면, 소설을 쓰고 싶은 10대는 여유롭게 제법 두툼한 세계문학전집을 읽을 수 있을 터입니다. 화가를 꿈꾸는 10대는 도화지나 캔버스에 자신의 열정을 쏟아 부을 수 있겠지요. 공연히 대학 입시제도 때문에 하기 싫은 과목을 '시험공부'하느라 자신의 재능을 낭비하거나, 밥 먹고 살아갈 걱정 때문에 자신의 꿈을 일정한 방향으로 맞춰가지 않아도 됐을 터입니다.

정리해보죠. 나와 사회의 관계는 물고기와 물의 관계입니다. 물고기는 자신이 물속에 있다는 사실을 모르고 자유롭게 오가기 십상이지만, 물을 벗어나면 생명을 유지할 수 없습니다. 물고기가 나는 물과 아무 관련이 없다고 주장한다면 얼마나 우스울까요? 그 물에 폐수가 유입될 때도 그럴 수 있을까요?

사람도 그와 같습니다. 내가, 개개인이 사회와 무관하다거나 유관하다를 따따부따하는 것 자체가 어리석은 짓입니다. 나와 사회, 개인과 사회는 떼려야 뗄 수 없는 관계이기 때문입니다.

세월호 선장과 '대한민국호 선장'은 닮은꼴?

세월호 선장과 선원들은 배에 탄 10대들에게 "가만히 있어라."라고 해놓고 도망갔습니다. 그런데 한국 사회의 역사를 톺아보면 그런 황당한 일이 처음이 아님을 확인할 수 있습니다.

1950년 한국 사회에서 전쟁이 일어난 직후인 6월 27일 저녁 9시부터 11시까지 이승만 대통령은 "용감한 국군이 북괴군을 다 무찌르고 있으니 서울 시민은 안심하라."라고 방송했습니다. 서울 시민들은 대통령의 말과 방송을 믿고 가만히 있었습니다. 하지만 방송이 나오던 그 순간에 이승만은 서울에 없었습니다. 이미 그날 새벽 2시에 수행원 4명만 데리고 국회에도 전혀 알리지 않은 채 기차로 황급히 대구까지 도망갔습니다. 너무 멀리 왔다는 생각이 들어서일까요? 슬그머니 대전까지 돌아왔지요. 거기서 서울 시민은 안심하라는 방송을 녹음했습니다.

대한민국 초대 대통령 이승만과 세월호 선장 이 아무개. 어떤 차이가 있을까요? 더러 '이해심' 많은 기성세대 가운데는 대통령이 체포되면 큰일이 나니까 그렇게 할 수 있다고 주장하는 사람도 있습니다. 과연 그럴까요? 그렇다면 곧이어 일어난 사건은 어떻게 설명할 수 있을까요?

뒤늦게 상황을 파악한 서울 시민들이 6월 28일, 당시 하나뿐인 한강 다리를 건너 남쪽으로 피난하려고 나섰을 때 국군은 아무런 예고도 없이 다리를 폭파했습니다. 다리를 건너고 있던 민간인이 500여 명이나 폭사했지요. 하나뿐인 인도교를 폭파한 이유는 '북괴군의 추격'을 막기 위해서였답니다.

　현대사 연구자들에 따르면, 이승만은 이미 6월 25일 밤에 '피신'하겠다며 주한 미국 대사인 존 무초에게 "내가 얼마나 중요한 자리에 있는지 아느냐? 내가 없으면 이 나라는 큰일 난다."라고 이야기했답니다. 무초 대사가 오히려 "당신이 피신하면 군은 붕괴한다. 모든 방어 능력을 상실한다. 당신이 지켜야 한다. 우리가 당신을 보호해주겠다."라고 말려 그날은 가까스로 넘어갔습니다. 다음날인 26일에도 하루 내내 눈치만 보다가 27일 새벽 2시에 몰래 도망간 거죠. 그리고 7월 1일에 다시 남쪽으로 도망갑니다. 대전이 함락되기 직전이어서일까요? 전혀 아닙니다. 대전은 7월 20일에 함락됩니다.

　더 황당한 일은 미군의 인천상륙으로 9월 28일 서울을 되찾은 뒤 벌어졌습니다. 이승만 정부는 피난을 못 간 이들을 대상으로 이른바 '빨갱이 사냥'을 대대적으로 일으킵니다. 대통령 자신의 '거짓말 방송'과 예고 없는 한강 다리 폭파로 제때에 피난가지 못한 서울 시민들을 "적에게 협력한 부역자"를 색출하겠다며 몰아세웠습니다. 거짓말 방송과 도망에 대해 국민에게 사과하라는 말도 나왔지만 이승만은 자신이 뭘 잘못했느냐고 되레 눈을 부라렸습니다. 한국 사회가 '각자도생'하는 사회가 된 데는 그만한 역사적 배경이 있다는 사실을 알 수 있지요.

인류는 남성과 여성이 절반씩입니다. 모든 개인은 남성이거나 여성이지요. 가장 뚜렷한 성별 차이는 신체적 차이입니다. 그래서 성별 차이는 얼핏 생물학적 문제처럼 보이지만, 실제는 사회적 관계가 깊은 영향을 끼칩니다.

　이를테면 '쇼핑'을 볼까요? 남자와 여자는 쇼핑하는 방법이 크게 다릅니다. 대부분의 남성은 여자 친구나 부인과 함께 물건을 살 때 몹시 힘들어합니다. 분명히 살 물건이 정해져 있는데 몇 시간씩 돌아다니기만 하니까요. 게다가 이것은 어떠냐, 저것은 어떠냐고 의견을 묻습니다. 이때 대다수 남성은 시큰둥하게 대답하고, 그래서 갈등이 일어나지요.

　더러는 한국 여성들의 '쇼핑 습관'이나 한국 남성들의 '여성 경시'를 탓하지만, 비단 한국 사회에서만 일어나는 문제는 아닙니다. 서양 사회에서도 비슷한 실험 결과가 나왔으니까요. 인종의 차이가 아니라는 뜻이지요.

　영국의 심리학자 데이비드 루이스는 실험에 참가한 다수의 남성과 여성을 백화점에 모아놓고 특정 매장에서 바지 한 벌을 사오도록 했습니다. 그 과정에서 혈압과 맥박, 스트레스 수치를 조사했지요. 물건을 살 때까지 남성의 여러 수치는 경찰이나 전투기 조종사가 사건 현장에 투입될 때 느끼는 정도와 비슷했습니다. 빼곡한 사람들 사이를 걸어 다니며 좋은 물건을 골라야 한다는 압박 때문이었지요. 쇼핑 시간이 길어질수록 아드레날린 분비량과 스트레스 수치가 점점 높아지고 공격적으로 변했습니다. 물론 기분은 점점 안 좋아졌지요.

하지만 여성의 수치에는 아무런 변화가 없었습니다. 여성은 이것저것 고르는 과정 자체를 즐겼습니다. 이를 생물학적 성별 차이로 여기기 십상이지만, 사회적 요인이 더 결정적입니다. 남성과 여성이 선사시대부터 진화해온 과정에서 그 이유를 찾을 수 있으니까요.

선사시대에 여성들은 주로 먹을 수 있는 과일이나 풀을 찾고 채집하는 일을 했습니다. 그러니까 이리저리 찾아보고 탐색하는 능력이 발달했겠지요. 그렇지 않은 여성은 독초를 먹고 일찍 죽어 자손을 많이 남기지 못할 가능성이 큽니다. 반면에 남성들은 수렵이나 사냥에 나섰기 때문에 목표물에 집중해야 했지요. 사냥감이 앞에 있는데 이것저것 따따부따하다가는 놓치기 쉽고, 그런 남성은 자손을 남기지 못했겠지요. 남성과 여성의 사회적 분업이 차이를 불러온 셈입니다. 성별 차이가 모두 사회적 차이는 아니지만, 사회는 성별 차이에도 깊게 각인되어 있습니다.

2장
내가 사는 사회, 대체 뭐가 진실이지?

내가 사회와 무관하지 않다는 데 동의할 때, 누구나 지금 내가 살고 있는 사회를 바로 보고 싶게 됩니다. 사회를 바로 보는 일은 자신의 삶과 직결되기 때문이지요.

왜 그냥 본다고 하지 않고 굳이 '바로 본다.'라고 했을까요? 어떤 사안이든 눈에 보이는 대로만 보면, 자칫 진실을 보기 어렵기 때문입니다.

시점에 따라 보이는 면이 달라진다

진실이 왜곡되는 위험성은 텔레비전 뉴스에서 쉽게 확인할 수 있습니다. 텔레비전 화면은 실제 일어난 일을 그대로 보여준다고 믿기 십상이지만 그렇지 않습니다. 카메라로 화면을 어떻게 잡느냐에 따라 텔레비전으로 시청자들에게 전달될 진실은 사뭇 다를 수 있답니다. 일종의 장님 코끼리 만지기 식인데요. 뉴스가 전하는 현장에 시청자들은 없었기에 텔레비전이 전해주는 화면을 전부라고 여기게 됩니다. 하지만 그것은 그 방송사의 시점으로 본 일부일 가능성이 높습니다. 실제로 사회구성원들의 집회와 시위에 대해 카메라가 어느 곳을 담았느냐에 따라 그 집회와 시위는 폭력이 난무하는 곳으로 보일 수도 있고, 질서정연하게 정의를 촉구하는 마당으로 보일 수도 있습니다.

언론이 어떻게 보도하느냐에 따라, 또는 우리가 누구에게 들었느냐에 따라 현실은 얼마든지 달라질 수 있습니다. 우리가 보이는 대로만 볼 때 자칫 누군가에게 속을 수 있다는 깨달음은 잊어서는 안 될 지혜입니다.

한국 사회의 '진실'도 마찬가지입니다. 분명히 한국 사회는 하나인데, 그것을 바라보는 사람들의 생각은 많이 다릅니다. 개개인이 각자 어떤 '카메라'로 보았는가에 따라 사회에 대한 인식이 크게 달라지기 때문이지요. 그 카메라는 실제 방송사가 촬영하는 기기만을 이야기하는 것이 아닙니다. 이미 자기 안에 내면화된 카메라가 작동하고 있을 가능성이 높지요. 누구나 세상을 자기 틀(프레임)로 바라보니까요. 정치인들이나 언론인들이 즐겨 쓰는 '프레임'이라는 말이 사실 그 '틀'입니다.

1장에서 세월호 선장과 '대한민국호 선장' 이승만을 비교하면서 한국 사회에 비판적인 시각을 드러냈는데요. 하지만 한국 사회는 '성공한 사회'이며 '기적적인 사회'라고 찬사를 보내는 시각도 있습니다.

그렇다면 한국 사회를 비판하는 시각과, 반대로 찬가를 높이 부르는 시각 가운데 어떤 편을 들어야 할까요? 어려워 보이지만 그 답은 뜻밖에도 쉽습니다. 둘 가운데 어느 하나를 편들 문제가 결코 아니거든요. 어떤 '진영'에 설 필요도 없습니다. 한 쪽 진영에 서서 상대방의 주장에는 귀를 꼭 막는 일은 기성세대의 몫이지 10대에겐 전혀 어울리지 않습니다. 풋풋한 10대라면 진영의 논리가 아니라 진실의 논리를 찾아가야 옳습니다. 그러려면 두 시각을 꼼꼼하게 짚어볼 필요가 있습니다.

한국 사회에 보내는 찬사?

이승만을 '건국의 아버지'로 추어올리고 동상을 세우는 데 앞장선 사람들에게 한국 사회는 '세계적으로 기적을 이룬 사회'입니다. 그렇게 생각하는 사람들의 논리가 가장 잘 드러난 글이 있습니다. 대한민국이 정부 수립 60주년을 맞았을 때 한 신문이 쓴 찬사입니다.

대한민국의 60년은 수천 년에 걸친 한국사에서 전례 없는 새로운 일들을 이뤄낸 기간이었다. 건국 당시 1인당 국민소득은 100달러도 되지 않았고 곧 이은 전쟁으로 폐허가 됐던 나라가, 자유민주주의 체제와 시장경제체제의 기틀 위에서 산업화와 민주화, 정보화라는 '압축적 성장'을 이뤄 낸 기적과도 같은 시간들이었다. 2차대전 이후에 독립한 국가 중에서 그것을 모두 성공한 국가는 세계에서 대한민국이 유일하다.(〈조선일보〉, 2008년 8월 14일)

자부심이 넘치는 기사는 곧이어 성공의 과정을 건국, 산업화, 민주화, 정보화의 네 시대로 나눠 설명합니다.

1948년 8월 15일 "실질적인 주권과 영토·국민을 기반으로 이뤄진 대한민국의 건국은 '38년 만에 국권을 회복한 정부의 수립' 이상의 의미를 지닌다. 그것은 한국인의 역사상 처음으로 헌법과 의회에 기반을 둔 주권재민의 민주공화제 국가가 수립된 사건이었다."라고 평가합니다. 이어 미국 컬럼비아대의 휴 패트릭 석좌교수의 말을 인용해 "한국은 세계적으로 산업화와 민주화를 모두 성공시킨 희귀한 모델"이라고 강조합니다.

지난 60년간 한국의 산업화는 눈부시다. GDP(국내총생산)는 한국전쟁이 끝난 해인 1953년에 13억 달러였으나 지난해에는 9699억 달러로 746배 늘었다. 한국은 1960년대 경제개발 5개년 계획을 시작하면서 핵심 산업의 경쟁력을 키워왔다. 이제 선박과 반도체, IT(정보통신)기술은 세계 최고 수준을 자랑한다.

신문은 민주화 요구가 본격화됐던 1987년 이후를 학계와 정치권은 '민주화의 시대'로 규정하고 있다며 "1987년 6월 항쟁으로 대통령 직선제 개헌이 이뤄져 민주화의 시대가 개막했다. 88년 총선으로 여소야대 국회가 만들어져 5공·광주 청문회가 열려 민주화 과정에 대한 재평가들이 진행됐다. 93년에는 박정희 대통령 이후 30년 만에 군 출신 정권이 끝나고 처음으로 문민정부가 출범했고, 95년엔 지방자치단체장 선거가 실시돼 민주화의 저변이 확대됐다. 산업화 과정에서 억압됐던 민주주의와 인권이 크게 신장됐고, 대통령·국회의원부터 시장과 도지사, 교육감까지 국민이 직접 뽑는 제도와 절차로서의 민주주의가 발전했다."라고 평가했습니다.

마지막으로 "세계 최고의 IT(정보기술) 전문가들"이 한국의 IT 인프라 수준에 대해 찬사를 보내고 있다며 "한국의 정보화는 휴대전화나 반도체, LCD(액정표시) 같은 새로운 수출 전략 산업의 성장을 이끌었다."라고 강조했습니다.

이 기사를 보면 한국 사회는 '성공한 사회'가 분명합니다.

통계로 본 한국 사회

그런데 과연 그렇게만 볼 수 있을까요? 그렇다면 정부 수립 과정이 곧 분단 과정이었다는 엄연한 사실, 그 과정과 결과로 수백만 명이 목숨을 잃은 사실, 일방적인 산업화로 노동자들이 희생당한 사실, 민주화가 되었다고 하지만 정작 한국 사회를 구성하는 대다수인 민중의 생활은 더 팍팍해지고 부익부 빈익빈이 심화된 사실, 한국의 정보산업을 주도하는 삼성에서 희귀병으로 반도체 노동자들이 숨졌는데도 정작 경영진은 외면했던 사실들을 어떻게 보아야 할까요?

흥미롭게도 〈조선일보〉가 한국 사회에 찬가를 부른 그해에 '우리를 슬프게 하는 불명예스러운 세계 1위' 분야가 국회에서 발표됐습니다. 국회도서관 입법 자료실과 OECD(경제협력개발기구) 통계에 근거해 한 국회의원이 보고서를 냈지요.

먼저 한국 사회는 세계 최고의 자살률을 기록하고 있습니다. 2006년 OECD 평균 자살률이 인구 10만 명 당 11.1명(여성은 5.2명, 남성은 17.6명)이었는데, 한국 사회 자살자는 21.5명(여성은 13.2명, 남성은 32명)으로 OECD 1위입니다. 물론 2013년 기준으로도 OECD 1위이며 자살률은 29.1명으로 더 높아졌습니다.

우리 사회에 큰 변화가 없는 한, 스스로 목숨을 끊는 사람들은 늘어날 수밖에 없습니다. 그 이유를 나중에 이 책에서 짚겠지만, 여기서는 일단 한국 사회에서 살아가는 사람들을 '슬프게 하는 세계 1위'를 더 살펴보죠.

태아를 죽이는 낙태수술도 단연 1위였습니다. 혼전 임신에 대한 부정적 시각과 태아의 생명을 가볍게 보는 경향 때문이지요. 2011년 기준으로는 한국 사회에서 해마다 태어나는 신생아의 36%에 가까운 17만 명의 태아가 임신중절을 통해 희생되고 있습니다. 미국, 유럽 사회의 낙태율이 인구 1,000명 당 12명 정도인데 비해 우리 사회는 29.8명으로 2.5배나 높습니다.

　국회의원 보고서를 넘어 더 폭넓게 통계를 짚어볼까요. 자살률과 낙태수술이 1위인 반면에 출산율은 세계 꼴찌, '뒤에서 1위'입니다. 한국 사회에서 살아가는 사람들은 새로운 생명을 불러오기를 가장 꺼려하고, 스스로 사회를 떠나는 결단을 가장 많이 한다는 뜻입니다. 아무리 산업화, 민주화, 정보화에 성공했다며 기적이라고 칭송해도 결코 바뀔 수 없는 통계입니다.

　물론 그것은 성공과 기적에 따르는 부작용이고 출산율과 자살률이라는 특정 부문의 통계일 뿐이라고 주장할 수 있습니다. 그런데 삶과 죽음 사이의 일상생활을 짚어보아도 한국 사회에서 살아가는 개개인은 이 사회를 찬양하는 사람들이 꼽는 '수출 규모'나 '국민소득' 같은 거시적 통계와 달리 고통에 잠겨 있습니다.

　무엇보다 한국 사회에서 살아가는 사람들은 일하는 시간이 가장 깁니다. 노동시간이 단연 세계 최고 수준이지요. OECD 통계에 따르면 2014년 기준 연간 2,124시간으로 멕시코 다음으로 노동시간이 긴 국가입니다. 이 문제는 10대들과 관련이 없는 것처럼 보이지만, 그렇게 볼 문제가 아니지요. 두 가지 점에서 그렇습니다.

　첫째, 유아 때는 물론 10대에도 아버지와 어머니를 가까이 할 수 없습니다. 일터가 있는 아버지와 어머니가 늘 늦게 귀가하니까요. 아버지와 어머니도 일터에서 장시간 일하다 귀가하다보니 피로가 겹칠 수밖에 없고 그래서 마음에 여유가 없습니다. 가족에게 불행의 그림자가 드리우기 십상이지요.

둘째, 10대도 곧 20대가 되어 사랑하는 사람을 만나게 되고, 일을 하며, 결혼을 하게 됩니다. 긴 노동시간으로 가족과의 행복에 암운이 드리운 부모의 모습은 그대로 자신의 미래가 됩니다. 물론 한국 사회에 큰 변화가 없다고 가정할 때 그렇습니다.

일터에서 사망하는 산재 사망률은 2012년 기준 인구 10만 명당 7.3명으로 OECD 국가 중 제일 높습니다. 결핵 발생률과 사망률도 '흔들림 없는 1위'입니다. 한국 사회에서 10만 명당 결핵 발생률은 2013년 기준 97명, 사망률은 5.2명입니다. 미국, 캐나다, 이탈리아, 덴마크, 스위스 사회에선 사망률이 1명 미만일 만큼 결핵은 완치 가능한 병입니다. 그럼에도 선진국 사회와 견주어 터무니없이 높은 결핵 발생률과 사망률은 한국 사회의 '질병 관리'가 얼마나 허술한가를 보여줍니다. 2015년 메르스 확산도 그 맥락이지요. 한국 사회에서 최첨단 병원을 자부하던 삼성서울병원에서 메르스가 가장 많이 퍼졌습니다.

OECD 통계가 보여주는 한국 사회의 문제점은 더 많습니다. 모두 우리가 미처 모르는 한국 사회의 진실을 단숨에 드러내주는 통계들이지요.

비판적 사고는 부정적 사고가 아니다

어떤 사람들은 비판적 사고를 부정적 사고라고 여깁니다. 10대들이

해서는 안 될 사고라고 주장하는 사람들도 정말 많습니다. 긍정적 사고를 해야 발전 가능성이 높다고 가르치기도 합니다. 과연 그럴까요? 마지막으로 OECD 통계 하나만 더 짚고 가죠. '어린이 청소년 행복지수'가 있습니다. 한국은 10년째 OECD 국가 중 최하위를 기록하고 있습니다. 한국 사회에서 살아가는 어린이와 청소년이 가장 불행하다는 명백한 증거입니다. 그 진실을 알려주지 않는 것이 과연 긍정적 사고인가요? 그 진실을 알려주고 변화의 꿈과 뜻을 키워주는 일이 과연 부정적일까요?

많은 사람들이 오해하고 있지만 비판적 사고는 부정적 사고가 아닙니다. 뿐만 아니라 부정적 사고냐, 긍정적 사고냐 식의 문제를 떠나 있습니다.

긍정적 사고를 해야 옳다고 10대들에게 가르치며, 비판적 사고를 마치 불순한 것처럼 부정적으로 매도하는 사람들이 좋아하는 나라가 미국이지요. 그런데 미국 철학 교수들의 학술 모임인 미국철학회(American Philosophical Association)는 비판적 사고가 얼마나 중요한가를 보고서로 내놓았습니다. 1988년부터 1990년까지 미국 철학자들이 2년 넘도록 공동으로 논의한 결과를 담은 「델피 보고서」를 볼까요. 보고서는 다음과 같이 비판적 사고를 권장하고 있습니다.

비판적 사고는 탐구의 도구로서 필요 불가결하다. 그래서 비판적 사고는 교육에서는 무지의 족쇄로부터 벗어나 자유를 획득케 해주는 해방적 힘이며 개인적·시민적 삶에서는 위력을 지닌 자산이다.

어떤가요? 한마디로 좋은 사고, 바람직한 사고이지요. 사람들이 오해를 할까 우려해서일까요? 미국 철학자들은 비판적으로 사고하는 사람을 구체적으로 정의하고 있습니다.

이상적인 비판적 사고자는 습관적으로 이유를 꼬치꼬치 묻고, 잘 알고자 하고, 근거를 중요시하며, 열린 마음을 가지고 있고, 유연성이 있으며, 평가에 있어서 공정하고, 개인적 편견을 다룸에 있어서 성실하고, 판단을 내리는 데 있어서 신중하고, 기꺼이 재고하고, 현안 문제들에 대하여 분명하고, 복잡한 문제들을 다루는 데 있어서 체계적이고, 유관한 정보를 부지런히 찾고, 기준을 선택하는 데 있어서 합리적이고, 집중하여 탐구하고, 주제와 탐구의 상황이 허락하는 한 되도록 명료한 결과를 끈기 있게 추구한다.

비판적 사고가 왜 필요한지, 또 그 사고를 실천하기가 생각보다 쉽지 않다는 사실을 알 수 있지요. 비판적 사고와 '긍정/부정'을 굳이 연결시키자면, 비판적 사고는 무엇을 긍정하고 무엇을 부정할지를 냉철하게 평가하고 판단하는 사고입니다. 어떤 사안이나 사실을 무조건 긍정하거나 무조건 부정하지 않고, 이성적이고 논리적으로 따져서 긍정할 가치가 있으면 긍정하고 그렇지 않으면 부정하는 사고이겠지요.

한국 사회의 진실

그렇다면 다시 한국 사회의 진실로 가볼까요. 짐작했겠지만 모든 현상이 그렇듯이 한국 사회도 긍정적으로 볼 대목이 있고, 부정적으로 볼 대목이 있습니다. 그렇다면 어느 쪽을 더 중시해야 할까요?

사람들마다 다르겠지요. 하지만 그렇게만 답한다면, 너무 쉬운 판단일 겁니다. 모든 일에 상대주의 잣대를 들이대어 개개인의 취향으로 설명하는 것은 의미가 없습니다. 비판적 사고는 개개인 가운데 누군가는 왜 찬가를 부르고, 또 다른 누군가는 왜 비판의 목소리를 높이는가를 차근차근 따지는 데서 시작합니다.

한국 사회가 성공한 사회, 기적을 이룬 사회라고 보는 사람들은 지금 살아가는 데 큰 불편이 없을 가능성이 높습니다. 물론 예외인 사람도 있겠지만, 대체로 현실에 만족하는 사람들이 그렇게 보기 마련입니다. 특히 어려운 환경을 이겨내고 '출세'한 사람들이라면 자신의 성공의 무대가 된 한국 사회를 적극 긍정하겠지요.

하지만 비정규직 노동자나 생존권을 위협받아 곧 일가족이 자살할 계획을 세우는 사람들에게 한국 사회가 '성공'이나 '기적'이라고 말해도 받아들일까요? 너무 극단적인 사람들만 꼽은 게 아닙니다. 이 또한 통계인걸요. 한국의 비정규직 노동자, 같은 일을 하고도 정규직 노동자의 절반 정도 임금을 받고 언제 해고될지 모르는 사람은 800만 명에 이릅니다. 영세 자영업자의 비율도 OECD 국가 가운데 1위로 500만 명이 넘습니다. 그들 모두가 성인이고 자녀가 있다는 사실을 감안하면, 가볍게 넘길 문제가 아니지요.

한국 사회는 대학 입시, 대기업 입시를 비롯한 숱한 경쟁을 뚫고 그 경쟁에서 이긴 소수의 사람들은 풍요롭고 편안하게 살고, 사회구성원 대다수는 이리저리 치이며 살아가는 모습이 이미 고착되어 가고 있습니다.

어떤 사람들은 경쟁은 불가피하다고 주장합니다. 그렇기 때문에 경쟁에서 진 사람은 패배를 깨끗이 인정하고, 불평불만의 부정적 사고를 할 게 아니라 경쟁에서 이긴 사람을 존중해야 한다는 목소리도 큽니다.

얼핏 그렇게 생각할 수도 있겠지만, 이럴 때일수록 냉철하게 비교하고 평가하는 비판적 사고가 필요하지요. 경쟁에 대한 비판적 사고는 두 가지 맥락에서 펼칠 수 있습니다.

첫째, 경쟁의 불공정성입니다. 경쟁은 그것이 공정할 때 수긍할 수 있습니다. 그런데 한국 사회에서 대학 입시 경쟁이 과연 공정할까요? 아주 쉽게 짚어보죠. 돈 많은 부모를 만난 10대와 그렇지 못한 10대 사이에 입시에서 공정한 경쟁이 가능할까요? 어렸을 때부터 고액 과외나 가정교사, 외국 견학과 영어 학습을 경험한 10대와 그렇지 못한 10대 사이에 간격은 점점 커져가고 있습니다. '개천에서 용 난다.'라는 말은 이제 현실에서 그 예를 찾을 수 없는 옛말이라는 데 공감하는 사람들이 늘어나고 있지요. 용은 강남에서 난다는 말이 더 현실감 있게 다가오고 있습니다. 서울대, 연세대, 고려대를 보내려는 '엄마들의 전쟁'이 벌어지고 있지만, 현실을 냉정히 짚어야 합니다. 서울 강남구의 월 사교육비는 전국 평균의 6배가 넘습니다. 고소득층은 저소득층의 사교육비 지출액보다 17배를 더 씁니다. 게다가 해마다 그 차이는 벌어지고 있습니다. 물론 사회경제적 조건이 어려워도 학업 성취도가 높을 수 있습니다. 하지만 점점 더 예외적 현상이 되어가고 있지요.

사교육비 격차가 입시 결과로 이어진 통계를 볼까요. 2014년 서울대 합격자 비율은 서울 강남구가 강북구에 비해 21배 높았습니다. 외고나 과학고 같은 특목고 출신은 일반고보다 최대 65배나 많이 합격했습니다. 이른바 '명문대' 입학생 수와 각종 시험 점수는 부모의 소득이나 집값 같은 재산 규모와 뚜렷하게 비례했습니다. 부모의 지원이 없어도 학업 성취도가 높은 예외적 10대도 있겠지만, 통계는 부모의 경제력이 10대의 학교 성적에 큰 영향을 끼친다는 사실을 입증해줍니다. 그럼에도 그 불공정한 경쟁으로 획득한 '학벌'이 평생을 좌우한다면 어떨까요? 두말할 나위 없이 정의롭지 못한 일입니다.

둘째, 경쟁의 획일성입니다. 한국 사회에서 초·중·고등학교 학업은 뜻있는 선생님들의 열정과 헌신으로 적잖은 변화가 있어 왔지만, 아직도 큰 흐름은 암기식이고 '은행저금식'입니다. 지식을 가르치고 그것을 머릿속에 '저축'하는 방식이지요. 하지만 두뇌 능력을 수치화 하는 IQ(Intelligence Quotient, 지능지수)가 사람의 재능을 모두 드러내지 못한다는 데 21세기 대다수 교육학자들은 동의합니다.

IQ와 달리 정서와 감성을 측정하는 EQ 검사만 두고 하는 말이 아님니다. 1980년대 중반, 미국의 대표적 교육학자는 과학이 발달하면서 우리가 몰랐던 새로운 지능들이 드러나자 그 사실에 근거해 새로운 교육이론을 내놓았습니다. 하워드 가드너(Howard Gardner)의 '다중지능(multiple intelligences)' 이론이 그것입니다.

가드너는 지금까지 인류가 지능을 너무 좁게 해석해왔다면서, 인간의 지능은 단일한 능력이 아니라 다수의 능력으로 구성되어 있다고 강조합니다. 가드너가 저서 『다중지능』에서 제시한 인간의 지능은 8과 1/2지능으로 다음과 같습니다.

언어(Linguistic)지능, 음악(Musical)지능, 신체운동(Bodily-Kinesthetic)지능, 논리수학(Logical-Mathematical)지능, 공간(Spatial)지능, 인간친화(Interpersonal)지능, 자기성찰(Intrapersonal)지능, 자연친화(Naturalist)지능 등 8분야가 있고, 실존(Existential)지능은 증거와 자료가 더 필요하다며 1/2지능으로 표현했습니다. 각 개인은 특정 분야에서 '문제 해결 능력' 또는 '가치 있는 결과를 생산하는 능력'이 있으므로 그 분야의 개념과 기능을 배우고, 활용하며, 발전시켜 나가야 합니다. 물론 8과 1/2지능은 서로 배타적이지 않습니다. 8과 1/2지능의 발현 정도에 따라 수십만, 수천만의 '지능 조합' 특성을 지닌 개개인을 만날 수 있게 됩니다. 하지만 한국 사회는 획일화된 교육이 지배적입니다.

문제를 알아야 해답이 보인다

경쟁의 불공정성과 획일성의 문제점에 동의한다면, 10대 이후의 전 생애를 '학벌'이 좌지우지하는 것이 얼마나 옳지 못한가를 실감할 수 있겠지요. 그때 비로소 내가 살고 있는 사회를 바라보는 눈도 넓고 깊어지기 시작합니다. 한국 사회가 성취한 성과는 받아들이되, 그 성과에 담겨 있는 문제점들을 파악하고 고쳐나가야 합니다. 그러려면 문제가 무엇인가를 분명히 알고 있어야 합니다. 문제점을 모르면 그것을 해결할 길도 없으니까요.

한국 사회를 살아가는 구성원들이 문제점을 정확하게 파악할수록 해결도 쉽습니다. 많은 사람들이 문제를 풀려고 슬기를 모을 테니까요. 21세기는 창의성이 여느 때보다 중요한 시대이기에 슬기를 모아가는 문화는 더 절실합니다.

개개인 안에 고유한 지능을 발달시켜가며, 그가 속한 사회의 문제점을 하나둘 해결해나가는 삶은 아름답습니다. 아직 오지 않은 숱한 후손들 또한 그런 사람을 존경할 게 분명합니다. 지금 우리가 역사에서 힘이나 돈을 휘두른 사람보다 다른 사람들의 고통에 공감하고 그 고통을 함께 풀어간 사람들을 우러러보는 이치와 같습니다.

2015년 현재 출산율 꼴찌, 노동시간 최장, 자살률 최고라는 통계는 움직일 수 없는 우리 사회의 슬픈 자화상입니다. 그 얼굴에 아무리 분을 발라도 슬픔을 지울 수는 없습니다. 우리 사회의 그 슬픈 얼굴은 그 안에서 떼려야 뗄 수 없는 관계로 살아가는 개개인의 얼굴

이기도 합니다. 그렇다면 왜 우리 사회는 출산율은 가장 낮고, 일은 가장 많이 하고, 자살률은 가장 높은 나라가 되었을까요? 다른 사회와 어떤 차이가 있어서일까요? 지금부터 조목조목 알아봅시다.

"사람들이 모여 사는 사회에서 경쟁은 불가피하다."라고 주장하는 사람들이 많습니다. '부정적 사고'를 하지 말고, 그 시간에 자기 경쟁력을 키우라고 가르치는 선생님이나 언론인도 있습니다. 어떻게 보아야 할까요?

사람에게 경쟁이 삶의 목표가 될 수 있는지부터 짚어봅시다. 어떤 이들에게는 그럴 수도 있습니다. 하지만 모든 사람이 저마다 남과 다퉈 이기는 경쟁을 삶의 목표로 삼는다면, 인류는 너무 초라하지 않을까요. 사람은 경쟁을 하더라도 무엇을 위한 경쟁인가를 묻는 존재입니다.

경쟁이 과연 인간의 삶에 중요한 가치인가라는 물음에 역사상의 숱한 현인들은 이미 아니라고 답을 내놓았습니다. 과학이 발달하면서 새롭게 드러난 지능 가운데 '실존지능'을 주목하는 사람들도 늘어나고 있습니다. 가드너는 증거와 자료가 더 필요하다며 '1/2지능'으로 표현했지만, 실존지능은 인간이 살아가는 이유나 참다운 행복의 의미와 같은 삶의 근원적 가치를 추구하는 능력입니다.

실존지능이 높은 사람들은 대부분 정서적으로 안정감이 높다고 합니다. 그 사람과 함께 있는 사람들도 편안함을 느끼지요. 다른 사람을 이해하고 공감하는 능력이 뛰어나니까요. 아울러 사회정의를 추구합니다. 사람들 가슴에 높은 이상과 가치를 불러일으키도록 영감을 줍니다. 인류 역사는 바로 이 실존지능이 뛰어난 인물들에 크게 빚지고 있지요.

다중지능 가운데 어느 하나에 탁월한 능력이 있는 사람도 실존지능의 차이에 따라 전혀 다른 인생을 살 수 있습니다. 대표적 보기가 히틀러이지요. 그는 뛰어난 웅변가로 언어지능이 높았지만, 그 지능을 침략과 학살의 도구로 썼습니다. 민주주의를 '민중의, 민중에 의한, 민중을 위한 정부'라고 연설한 링컨과 견주어보면 실존지능의 중요성을 절감할 수 있습니다.

사실 '실존지능'이라는 학자들의 개념이 20세기에 나왔을 뿐, 인류는 오랜 세월에 걸쳐 경쟁보다 연대를 강조해왔습니다. 사회를 구성하는 바탕이 경쟁이냐, 연대냐의 문제는 그 사회에서 살아가는 구성원들의 일상을 좌우합니다. 경쟁에 근거한 대표적 사회가 모든 것을 시장에 맡기는 신자유주의 사회입니다. 그 사회에서 힘 있고 부자인 사람들은 사회에서 경쟁은 불가피하다는 자신들의 주장을 지금 이 순간도 퍼트리고 있지요.

하지만 경쟁 아닌 연대에 근거한 사회도 지구상에 엄연히 존재하고 있습니다. 바로 복지 사회입니다. 어떤 사회가 독자에게 더 가깝게 다가오나요. 분명한 것은 경쟁이 사회에서 불가피하진 않다는 사실입니다. 이 책에서 곧 살피겠지만 사회는 다채롭습니다.

경쟁을 비판하는 '다중지능'이 경쟁을 부추긴다?

획일적 경쟁을 비판하는 다중지능 이론이 한국 사회에선 오히려 경쟁을 조장하는 기현상이 벌어지고 있습니다. 우리 주변에 있는 숱한 영유아 교재·교구, 학습지, 학원들에서 자신들의 사교육 상품들을 가드너의 이론에 근거해 개발했다며 "아이들에게 8가지 지능을 골고루 자극해 발달시켜주겠다."라고 홍보하고 있거든요.

시민단체 '사교육 걱정 없는 세상'은 직접 가드너에게 서면 질의를 했습니다. 한국의 많은 사교육 상품들이 다중지능 이론을 내걸고 "어릴수록 모든 영역을 골고루 발달시켜야 한다."라고 홍보하는데, 이에 대한 가드너의 생각을 듣고 싶어서였지요. 2014년 7월 21일, 가드너는 서면 인터뷰에 자신의 생각을 보내왔습니다.

답신에서 가드너 교수는 다중지능 이론의 본질적 가치는 '개인화'와 '다원화'에 있다고 밝혔습니다. 개인화란 사람이 태어날 때부터 각각 지니는 본연의 사고 형태를 고려해 평가하고 교육해야 한다는 개념이고, 다원화는 학습자를 고려한 다양한 교육 방법이 필요하다는 개념이라고 설명했습니다.

우리가 보고 있듯이 한국 사회의 사교육 상품들은 개개인이 가지는 고유한 사고를 파악하기보다 표준화된 상품에 아이들의 개성을 맞추는 것들입니다. 대부분의 사교육 상품들은 서로 자유롭게 학습하는 공간이 아니라, 학원이라는 통제된 공간에서 계획된

순서에 따라 운영되고 있으니까요. 정도의 차이는 있겠지만 모든 사설 학원의 일차적 목표는 돈을 버는 데 있습니다. 그 점에서 학교와 근본적으로 다릅니다.

가드너는 사교육 상품에 대해 "부모와 교사들은 사교육 업체의 주장을 거부해야 한다."라고 권고했습니다. 공교육과 달리 돈을 벌기 위해 사교육 상품을 판매하는 기업들이 개개인이 지닌 고유의 지능을 발달시키기는 어려우니까요.

무엇보다 다중지능 이론은 모든 개개인에게 모든 영역이 발달하는 것을 목표로 하지 않습니다. 개개인이 지닌 본연의 모습을 자연스럽게 키워가는 것을 중시하고 그 개인에 맞는 지능의 다양한 조합을 인식하고 계발하라고 권합니다.

다중지능 이론이 효과를 보려면 저마다 다른 개성과 재능을 지닌 학습자 개개인이 존중받는 환경이어야 합니다. 사설 학원의 범위에 머물게 아니라 우리가 살고 있는 한국 사회가 과연 그런 사회인지, 아니라면 왜 그런지 살펴보아야겠지요.

2부

사회는 어디까지 커왔을까?

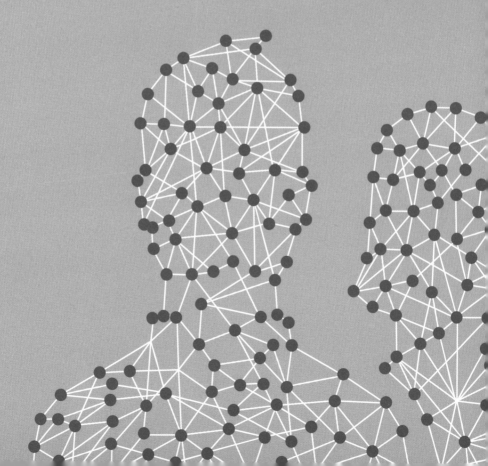

3장
사회도 나처럼 성장한다

사회마다 출산율, 노동시간, 자살률이 다른 이유는 사회의 성숙도가 달라서입니다. 개인으로서 지금의 내가 성장해왔듯이 사회도 성장하거든요.

한국 사회도 마찬가지입니다. 기실 오늘날의 한국인이 살고 있는 사회는 '대한민국 사회'보다 더 오래 되었지요. 거슬러 올라가면 조선 사회가 있었고, 고려 사회가 있으니까요. 고대로 더 가면 고조선 사회가 있었지요. 그러니까 사회는 국가보다 더 넓고 깊은 개념입니다. 한 사회에서 역사적으로 여러 국가가 나타나고, 붕괴하고, 또 등장할 수 있으니까요. 앞으로도 마찬가지이겠지요.

사회는 어떻게 만들어졌나?

21세기를 10대로 살고 있는 사람들은 어디서 왔을까요? 부모와 조부모, 그 부모와 조부모로 끝없이 올라갈 수 있습니다. 개개인과 그물처럼 이어진 선인들의 사랑이 오늘의 나에게까지 이어져온 거죠.

남성과 여성의 싱그러운 사랑으로 태어난 새로운 생명은 사회에서 살아갑니다. 사람과 사람이 모여 형성한 사회는 선시시대 이후 끊임없이 변화해왔습니다. 사람이 왜 사회를 만들었는가에 대해 일찍이 사회학자 허버트 스펜서는 핵심을 찌르는 말을 남겼습니다.

> 사람은 죽음이 무서워 종교를 만들었고, 삶이 무서워 사회를 만들었다.

삶이 무서워 사회를 만들었다는 사회학자의 통찰은 인류학적 성찰에 뿌리를 두고 있습니다. 인류는 나무에서 내려와 '직립보행'하면서 초원을 걷게 되었고, 그에 따라 여성들이 태아를 몸속에서 오래 키울 수 없게 되었지요. 그래서 미숙한 상태로 아기를 낳게 되었고, 양육 기간이 길어졌습니다. 갓난아기의 뇌는 어른 뇌의 4분의 1에 지나지 않지요. 영아기(0~2세), 유아기(3~5세), 아동기(6~12세)에 이어 청소년기를 지나야 비로소 성숙합니다. 그에 비해 인간과 유전자가 거의 비슷한 침팬지는 출생 여섯 달부터 나무 타는 법을 배웁니다.

어린 아기는 엄마의 자궁 안에 있을 때보다 위험에 노출될 가능성이 높겠지요. 하지만 훨씬 흥미로운 자극들로 가득 찬 바깥 세계를 만납니다. 그래서 뇌가 더 많은 것을 배우고, 그것을 자신 속에 채워 갑니다. 물론 그러려면 보호가 필요하지요. 무섭고 위험이 가득한 자연 조건에서 어린 아기를 키우는 일은 여성 혼자 감당하기 어려우니까요. 인류가 아버지를 포함한 가족을 공고하게 만들어간 이유입니다. 남성에게도 자신의 유전자 절반을 가진 자식이 죽는 것은 막고 싶은 '본능'이 있겠지요.

사회의 범위가 운명을 갈랐다

흥미로운 사실은 인류의 직계 조상인 '호모 사피엔스'가 4만 년 전 아프리카에서 나와 유럽으로 갔을 때, 유럽에는 이미 또 다른 인류인 '호모 네안데르탈렌시스(네안데르탈인)'가 살고 있었다는 사실입니다. 네안데르탈인은 호모 사피엔스와 경쟁하다가 3만 년 전에 멸종했지요.

   그런데 네안데르탈인의 신체적 조건은 호모 사피엔스에게 결코 뒤지지 않았습니다. 몸집과 뇌의 부피가 호모 사피엔스보다 훨씬 컸지요. 호모 사피엔스 직계 후손인 오늘날 인류의 뇌 용량은 평균 1,400cc인데, 네안데르탈인은 1,600cc였습니다. 사냥 기술도 네안데르탈인이 더 뛰어났다고 합니다. 사슴이나 말은 물론 멧돼지, 들소, 코뿔소, 심지어 매머드까지 사냥해서 잡아먹었습니다.

사회학자와 인류학자들이 지금까지 연구한 결과에 따르면, 두 인류의 운명을 좌우한 것은 가족의 범위였습니다. 2005년 미국 미시간주립대학 교수 리처드 호란은 "네안데르탈인들은 20~30명씩 가족을 이뤄 살았지만, 다른 네안데르탈인 집단과 교류가 아예 없었다."라는 주목할 만한 연구 결과를 발표했습니다. 네안데르탈인에게는 식세 가족만 중요했고 그 외는 모두 적이었으며, 심지어 먹잇감이었다는 거죠. 2010년 스페인 바르셀로나에 있는 진화생물학연구소는 스페인 북부 아스투리아 지역의 동굴에서 네안데르탈인 가족 6명의 뼈를 발견했습니다. 연구 결과 이 네안데르탈인 가족을 죽인 것은 다른 네안데르탈인이었습니다. 두개골과 턱을 비롯한 많은 뼈에 네안데르탈인이 이들을 먹었다는 증거들이 또렷하게 남아 있었으니까요.

　경쟁자인 호모 사피엔스는 같은 시기에 직계 가족을 넘어 마을 단위의 사회를 만들었습니다. 함께 모여 사는 범위가 가족을 넘어 확대된 것이지요. 그래서 맹수를 사냥하는 사람, 무기와 도구를 만드는 사람, 어린이를 키우는 여자들 사이에 분업이 이뤄졌습니다.

　여기서 독자들 스스로 판단해볼까요. 네안데르탈인과 호모 사피엔스의 경쟁에서 누가 이길까요?

　실제로 사냥을 비롯한 먹잇감을 체계적으로 확보하면서 호모 사피엔스의 개체 수는 빠르게 늘어났습니다. 네안데르탈인과 호모 사피엔스의 차이 가운데 눈여겨볼 것이 또 하나가 있습니다. 나이 많은 사람들의 비율입니다.

크로아티아의 한 동굴에서 13만 년 전에 살았던 70명의 네안데르탈인 유골이 발굴됐는데, 치아의 마모 상태를 조사해보니 30세 이상은 한 명도 없었습니다. 768구의 다양한 인류 조상 유골을 대상으로 한 또 다른 연구 결과에서도 두 인류 사이에 '젊은 성인'(15~30세)과 '나이 든 성인'(30세 이후)의 비율 차이는 확연합니다. 호모 사피엔스는 네안데르탈인에 비해 30세 이상의 나이 든 성인의 비율이 5배나 높았지요. 네안데르탈인은 젊은 성인이 10명 있으면 나이 든 성인은 4명이었는데, 호모 사피엔스는 젊은 성인 10명에 나이 든 성인이 20명이었습니다. 네안데르탈인과 달리 호모 사피엔스는 할아버지·할머니가 가족의 구성원이 되어 손자들을 돌보면서 가족을 번창시켰고, 마침내 인류는 양적으로나 질적으로 모두 엄청난 발전을 했습니다. 호모 사피엔스가 이룬 마을은 수렵과 채집 생활을 하며 유대감이 짙었고, 고르게 나눠먹는 평등의 윤리를 체화했지요.

신분제 사회의 형성

'사회'라는 말의 시작은 본디 아는 친구나 동료들 사이의 관계를 뜻하는 '소규모 대면 사회', 그러니까 서로 얼굴을 아는 사회를 지칭했습니다. 그 '사회' 용법이 남아있는 곳이 사회관계망 서비스, 또는 '사회적 미디어'이지요.

하지만 모든 개념이 그렇듯이 사회 개념도 현실의 변화에 따라 진화했습니다. 네안데르탈인과 견주어 마을 공동체를 이루며 살던 호모 사피엔스는 더 성숙한 문화를 이뤘던 게 사실입니다.

그러나 사회적 성장은 아직 '마을 수준'에 머물고 있었지요. 마을과 마을 사이, 부족과 부족 사이에 싸움이 일어나고 서로 죽이고 죽는 전쟁이 벌어졌으니까요. 전쟁에서 이긴 부족은 패한 부족을 노예로 만들어 착취하기 시작했습니다. 사회학계에서 흔히 원시공동체 다음에 노예제 사회를 성장 단계로 배치하는 이유입니다. 노예제 사회는 호모 사피엔스가 이룬 사회의 성장 과정에서 보편적으로 나타납니다. 노예제 사회는 야만이 지배했던 사회이지요. 사람이 사람을 짐승처럼 부리는 행위는 민주주의 사회의 기준으로는 용서할 수 없는 범죄입니다. 노예들 또한 사람이기에 순종만 하지는 않았지요. 인류 역사의 모든 지역에서 노예들의 봉기가 나타납니다.

다른 사람들과 달리 권력과 부, 명예의 특권을 누리고 싶은 사람들은 자신들의 지위를 세습화해갔습니다. 그것이 신분제도이지요. 엄격한 신분제도의 정점은 왕(또는 황제)입니다. 왕은 양반이나 귀족과 함께 대량의 토지를 소유한 지주였지요. 농업사회의 최대 지주, 그가 바로 왕입니다. 그들은 정치권력의 독점과 경제적 특권을 유지하고 강화하기 위해 신분제도를 공고화했고, 그 엄청난 기득권을 위협하는 안팎의 사람들에게 잔인한 폭력을 일삼았습니다.

그런데 모든 사회는 싸울 때 싸우더라도 일단 그 사회를 구성하고 있는 사람들의 '밥'을 해결해야 유지될 수 있습니다. 누군가가 쌀과 밀, 옷을 비롯해 생활필수품들을 생산해야만 하지요. 바로 그들을

'직접적 생산자'라고 합니다. 자신의 노동으로 사회가 필요한 물품들을 생산해내는 사람들입니다. 왕과 양반(또는 귀족)들은 생산 활동에 나서지 않았습니다. 직접적 생산자들이 일궈낸 수확들을 '국법'의 이름으로 가로챘지요. 이를 위해 외부에 있는 적의 침략으로부터 보호해준다는 명분을 내세웠답니다.

농업이 중심인 신분제 사회에서 직접적 생산자는 농민이었습니다. 농업사회라 하더라도 낫이나 삽, 그릇, 신발, 옷과 같은 생필품을 만드는 수공업자들은 필요했겠지요. 그래도 사회의 중심은 농민이고 땅이었습니다.

농업사회의 평화는 오래 이어지지 못했습니다. 안으로는 땅을 가진 양반(귀족)과 왕이 농민을 가혹하게 착취하고, 밖으로는 다른 사회의 지배자들이 땅을 더 넓히려고 침략 전쟁을 종종 벌였기 때문입니다. 땅을 더 넓히려는 이웃 왕과 귀족이 침략하면 세금을 내던 농민들이 전장의 맨 앞에 서야 했지요. 전쟁이 없더라도 왕과 귀족이 농민들을 과도하게 수탈해 먹고 살기 힘들면 더는 견디지 못한 농민들이 봉기를 일으켰습니다.

19세기 조선 사회의 모습

신분제 사회에서 개인의 삶은 우리가 살고 있는 민주주의 사회와 사뭇 다릅니다. 전장에 끌려가거나 수탈의 대상이 될 수밖에 없었던 개개인의 고통을 단숨에 절감할 수 있는 실제 자료가 있습니다. 먼저 조선 왕조의 선조와 광해군 시기를 살았던 시인 권필이 당대를 증언한 시 「정부원(征婦怨)」을 볼까요. '정부'는 '싸움터에 나간 남자의 아내'라는 뜻입니다. 시 전문은 다음과 같습니다.

交河霜落鴈南飛(교하상락안남비)
교하에 서리 내려 기러기는 남으로 가도
九月金城未解圍(구월금성미해위)
구월의 금성에는 포위가 안 풀렸네.
征婦不知郎已沒(정부부지낭이몰)
남편은 이미 죽었건만 아내는 그것도 몰라
夜深猶自搗寒衣(야심유자도한의)
밤 깊도록 겨울옷을 다듬질하네.

이 시는 임진왜란의 참상을 목격하며 쓴 시입니다. 교하는 지금 경기도 파주 일대입니다. 전장에 끌려간 남편이 죽은 줄도 모르고 그를 위해 겨울옷을 다듬는 아내의 모습이 눈물겹습니다. 그 아내는 역사 속에서 한두 사람이 아니었겠지요.

외침이 없을 때도 '태평성대'는 없거나 극히 드물었습니다. 권필이 「정부원」을 기록한 지 200여 년이 흐른 1803년 실학자 정약용은 「애절양(哀絶陽)」이라는 시를 씁니다.

蘆田少婦哭聲長(노전소부곡성장)

갈밭마을 젊은 아낙 통곡소리 그칠 줄 모르고

哭向縣門號穹蒼(곡향현문호궁창)

관청 문을 향해 울부짖다 하늘 보고 호소하네.

夫征不復尚可有(부정불복상가유)

전장 나간 남편이 못 돌아오는 수는 있어도

自古未聞男絶陽(자고미문남절양)

예부터 남자가 생식기를 잘랐단 말 들어 보지 못했네.

시의 내용은 정약용이 귀양을 간 유배지 강진에서 직접 본 실화를 옮긴 것입니다. 정약용은 이 시를 쓴 동기를 다음과 같이 밝혀 놓았습니다.

> 그때 갈밭에 사는 백성이 아이를 낳은 지 사흘 만에 군적에 편입되고 관리가 소를 뺏어가니, 그 백성이 칼을 뽑아 자신의 양경(생식기)을 스스로 베면서 '내가 이것 때문에 이러한 곤액을 받는다.'라고 하였다. 그 아내가 양경을 가지고 관청에 나아가니 피가 뚝뚝 떨어지는데, 울기도 하고 하소연하기도 했으나 문지기가 막아 버렸다. 내가 듣고 이 시를 지었다.

국문학자들은 이 시를 '군포(軍布)'의 심각한 문란을 고발한 조선 시대의 대표적 '사회시(社會詩)'라고 평가합니다. 군포는 조선 왕조에서 걷던 세금의 하나로, 군복무를 직접 하지 않는 병역 의무자가 그 대가로 납부하던 삼베나 무명을 말합니다. 그런데 낳은 지 사흘 밖에 안된 아들에게 군포를 물렸다는 거죠. 세금을 내지 못하니 소를 뺏어갔겠지요. 이 모든 게 아들을 낳아서라며 젊은 남편이 자신의 생식기를 잘랐습니다. 이것이 19세기 조선 사회의 모습입니다.

당시 조선 왕조는 어린아이에게도 군역을 부과하길 서슴지 않았습니다. 또한 군역 의무자가 사망했을 때도 사망신고에 돈을 부당하게 징수했으며, 사망신고서를 받아 군적에 표시하는 대가로 또 돈을 징수했습니다. 정약용은 "배가 불룩한 것만 보고도 이름을 지으며, 여자를 남자로 바꾸기도 하고, 그보다 더 심한 경우에는 강아지 이름을 군안(軍案)에 올리기도 하는데, 이는 사람의 이름이 아니니 가리키는 것은 진짜 개이며, 절굿공이의 이름이 관첩(官帖)에 나오기도 하는데, 이도 사람의 이름이 아니니 가리키는 것은 진짜 절굿공이"라 비판하였습니다.

외부 침략이 없고 내적 착취가 상대적으로 적은 '태평성대'에도 노비나 천민들은 고통 속에 살아야 했습니다. 평민들도 양반의 위세에 내내 눌려 살아야 했지요.

텔레비전 사극을 즐겨보는 현대 사회의 개개인들은 대부분 자신이 신분제 사회에 살았다면 권문세가 양반의 도령이나 규수였으리라 막연히 생각합니다. 하지만 아니지요. 당시 사람들의 절반 이상은 본디 양반계급 구성원이 아니었습니다.

조선 시대에 내적 수탈과 외적 침탈로 고통 받았던 개개인을 짚어보았습니다. 하지만 이것은 한국 사회의 과거 모습만은 아닙니다. 지구촌의 거의 모든 사회가 이 '미숙한 시대'를 거쳐 왔습니다.

오히려 한국 사회는 신분제도에 기반을 둔 사회 가운데 가장 뛰어난 국가체제를 구현했습니다. 실제로 15세기 기준으로 가장 '선진 사회'는 조선이었습니다. 조선 왕조의 건국 초기였던 1400년대 조선 사회는 당시 세계 어느 나라보다 앞서 있었다고 학문적으로 밝힌 학자는 미국의 대학 교수 브루스 커밍스입니다. 커밍스가 그렇게 생각한 까닭은 우리가 세계역사지도를 훑어보아도 알 수 있습니다.

15세기에 '미국 사회'란 아예 없었고, 유럽 사회도 온전히 국가의 틀을 갖추지 못한 채 갈라져 있었습니다. 반면에 조선 사회는 국왕을 정점으로 물샐틈없는 강력한 중앙집권 국가를 형성하고 있었습니다. 사상적으로는 성리학을 통해 그 체제를 뒷받침했습니다. 중세적 신분 질서에서 조선 사회는 가장 선진적 체제였습니다. 유럽은 물론 중국 사회나 일본 사회도 15세기 조선 사회만큼 하나의 이념 아래 완벽한 중앙집권 체제를 이루지는 못했지요.

조선 사회가 15세기에 가장 '선진 사회'였다고는 하지만, 중세적 기준에서 그렇다는 뜻이지 바람직한 사회라는 뜻은 아닙니다. 왕과 양반계급이 지배하는 신분제 사회를 누구도 좋은 사회라고 생각하지는 않겠지요. '사농공상(士農工商)'이란 말이 단적으로 드러내주듯이 선비(士)라는 특권계급 아래 상민(常民)이 있었고, 상민 가운데서도 농민을 중시하며 상인과 공인을 천시했습니다. 상업으로 돈을 크게 모은 거상이 나타나더라도 그는 가능한 한 아들에게 자신의 '사업'을 물려주지 않으려 했습니다. 오히려 자기가 번 돈으로 '양반 편입'을 갈망했지요.

조선 사회는 상인이나 공인이 세력화할 수 없을 만큼 강력한 중앙집권 체제가 정치·경제·문화적으로 완비되어 있었습니다. 아래로부터 저항이 커져갔지만, 어쨌든 조선 사회는 19세기가 저물 때까지 신분체제를 상대적으로 견고하게 유지하고 있었습니다.

시민혁명이 신분제를 붕괴시키다

하지만 유럽 사회는 달랐습니다. 15세기의 지평선에서 볼 때 유럽 사회의 정치경제 체제는 조선 사회에 비해 후진적이었습니다. 중앙집권 체제가 완벽했던 조선과 달리 느슨한 봉건제도를 유지하고 있었지요. 그곳에서도 봉건영주 중심의 신분제도는 공고했지만, 중앙집권 체제가 형성되지 못했기 때문에 틈새가 있었습니다.

그 틈새에서 상인이나 공인이 점차 세력을 형성해나간 게 유럽의 근대사입니다. 한 세기 이상에 걸쳐 서서히 세력을 넓혀가던 상공인들은 자연스럽게 왜 자신들이 정치적 결정에 참여하지 못하는지 의문을 제기하기 시작했습니다. 세력이 커지면서 자신들이 내는 세금은 많아졌는데도, 정치적 발언권은 신분제에 토대를 둔 세력이 독점하고 있는 현실을 상공인들이 비판적으로 바라보는 것은 역사의 순리였습니다.

상공인들이 세력화하면서 지배세력인 귀족에게 경제적으로 예속되지 않은 지식인들도 나타나기 시작했습니다. 상공인들과 직·간접적 연관을 지닌 그들은 모든 인간이 평등하게 태어났다는 사상을 철학적으로 개념화해나갔지요. 계몽사상의 등장이 그것입니다.

때마침 발전한 인쇄술은 신문이라는 미디어의 출현을 가능하게 했습니다. 처음에는 시장의 상품 시세를 담는 '정보지'로 등장한 신문은 상공인들이 세력화하고 계몽사상이 확산되면서 정치적 주장을 담아갔습니다. 말 그대로 '정론지'로서 신문이 탄생한 것입니다. 신문 발행은 계몽사상의 확산을 증폭시키며 정치의식의 각성을 이뤄나갔습니다.

하지만 왕정 체제를 쉽게 바꿀 수는 없었습니다. 수천 년 동안 동서양을 막론하고 왕들은 자신들의 특권적 지배 체제에 도전하는 사람들을 잔인하게 탄압해왔으니까요. 그들은 자신의 왕권을 지키기 위해 형제는 물론이고 부모조차 죽이는 일도 서슴지 않았습니다. 조선 왕조의 태종 이방원의 '형제 살인'이나 중국 수양제가 저지른 '아버지 독살'은 왕권이 얼마나 큰 권력인가를 실감하게 합니다. 왕들이 스스로 왕을 국민투표로 뽑자며 왕위에서 물러나는 '미담'은 인간의 역사에서 일어난 적이 없는 '동화'일 뿐입니다.

21세기인 오늘에도 왕권이 유지되는 나라가 드물게 있지만, 그 사회에서도 왕권이 절대적인 시대는 더 이상 아닙니다. 그럼 절대 왕권이 인류사에서 사라진 이유는 어디에 있을까요? 전 세계적으로 왕들이 권력을 잃은 것은 무엇 때문일까요?

우리가 흔히 간과하고 있지만 답은 명쾌합니다. 아래로부터의 싸움, 곧 혁명 투쟁입니다. 앞서 언급했듯이 유럽의 봉건사회 내부에서 상공인들이 사회세력을 형성해나가면서 조금씩 자신들의 정치적 발언권을 키워갔습니다.

인간은 똑같이 백지로 태어났다거나 '나는 생각한다, 고로 존재한다.'라는 평등주의 사상이 인쇄술의 상업화를 밑절미로 퍼져간 것도 이 시기입니다. 결국 상공인들은 자신들의 '사업'이 커가면서 고용하게 된 노동자들을 앞장세워 왕권에 도전하기에 이르지요.

왕국에서 살아가던 상공인이나 노동자들은 모두 군주에 충성해야 할 신민(臣民)이었습니다. 그 신민이 신분제를 벗어나 시민으로 등장하는 역사적 사건이 바로 시민혁명이지요.

세계사의 전개 과정에서 시민혁명의 상징은 프랑스혁명(1789)입니다. 프랑스혁명 과정에서 왕(루이 16세)과 왕비(마리 앙투아네트)의 목은 가차 없이 단두대에서 잘려나갔지요. 수천 년 동안 이어온 왕권은 그렇게 무너져 내리기 시작했습니다. 왕의 권력으로 사회적 통합을 이루는 방법 외에는 생각하지 못했던 시기에 그것은 혁명이었습니다.

거듭 잊지 말아야 할 진실은 왕과 왕비가 스스로 왕권을 포기하지 않았다는 사실입니다. 인쇄술의 발달에 힘입어 사회구성원 대다수인 민중의 정치의식이 성숙하지 않았다면 왕들의 역사는 더 오래 지속됐을 게 분명합니다. 새삼 역사의 발전이 투쟁에 있다는 진실을 확인할 수 있지요. 주권이 민중에게 있다는 혁명적 명제는 바로 그런 투쟁을 바탕으로 상식이 되었습니다.

더러는 수천 년 이어온 신분제 사회를 끝장내는 시민혁명이 꼭 유혈 사태를 겪은 것은 아니라고 주장합니다. 기실 시민혁명을 시간 순서로만 따진다면 영국혁명(1688), 미국 독립혁명(1776), 프랑스혁명(1789)으로 간추릴 수 있지요. 유혈 사태가 없었다는 보기는 영국혁명입니다.

프랑스혁명보다 100여 년 앞서 일어난 영국의 명예혁명(Glorious Revolution)은 당시 국왕인 제임스 2세의 폭정에 반대해 그를 폐위하고 딸 메리와 윌리엄 부부를 왕으로 세운 사건입니다. 피를 흘리지 않아 명예혁명이라 부르지만, 조금만 들여다보면 현실은 다릅니다. 네덜란드에 있던 메리-윌리엄 부부가 1만 5,000명의 군대를 이끌고 영국 남서부에 상륙해 파죽지세로 런던으로 진격했기에 가능했던 일입니다. 제임스 2세는 프랑스로 망명했지요.

왕이 처형당하지 않았기에 '명예혁명'이라 할 수 있겠지요. 하지만 명예혁명에 앞서 일어난 청교도혁명(Puritan Revolution)에서 이미 유혈 사태가 일어났습니다. 청교도혁명은 1640년에서 1660년에 걸쳐 영국에서 청교도가 중심이 되어 일으킨 혁명입니다. 당시 영국 왕 찰스 1세는 청교도들의 손에 처형당했습니다. 그런 역사가 있었기에 명예혁명 시기에 제임스 2세는 항전을 포기했고, 후임으로 왕위에 오른 메리도 왕권을 제한하는 권리장전을 수용한 것입니다. 영국에서도 왕 찰스 1세가 가차 없이 처형당한 사실에 주목해야 합니다.

미국의 독립혁명은 프랑스혁명보다 조금 앞서 일어났지만, 유럽에서 건너간 사람들이 이룬 사건으로, 왕권에 저항해온 유럽의 계몽사상이 있었기에 가능한 일이었습니다. 그 점에서 왕권에 맞선 전형적인 시민혁명은 프랑스혁명으로 보는 게 정당합니다.

민주주의는 저절로 오지 않는다

문제는 정작 다음에 있습니다. 시민혁명이 민중의 힘으로 왕을 쫓아낸 사실에 모두 동의하더라도, 그 교훈을 단순히 머릿속에서만 생각하는 사람들이 있습니다.

독자가 자신은 아니라고 도리질할 일이 아닙니다. 찬찬히 톺아보길 권합니다. 구체적 보기로 판단해볼까요. 가령 우리는 텔레비전 드라마를 통해 명성황후를 만났습니다. 연극 「명성황후」 공연도 큰 갈채를 받았습니다. 일본 낭인들이 잔인하게 명성황후를 살해한 사건을 두고 많은 이들이 '국모 시해'라고 분개합니다. 명성황후를 '민비'라고 부르면 올바른 역사의식이 없는 사람으로 매도당하기 십상입니다.

과연 그래도 좋을까요? 물론 민비가 일본인 낭인의 손에 살해당한 사실은 개탄할 일입니다. 독립 왕국으로서 수치스럽고 참담한 일입니다.

그런데 사회를 구성하는 대다수 사람, 민중의 시각에서 본다면 어떨까요? 수치스럽다고 개탄하는 일은 일본인 낭인의 손에 살해당한 지점에서 멈춰야 하지 않을까요? 명성황후라 하든 민비라 부르든, 그 여성은 역사의 흐름과 어긋나는 운명을 맞고 있었으니까요.

왕권과의 단절은 조선 왕조의 신분제 사회가 오늘의 민주주의 사회로 넘어오는 과정에서 피해갈 수 없는 일이었습니다. 이를테면 다음과 같은 질문을 던져보죠. 만일 민비가 살해당하지 않았다면, 그녀가 왕족의 특권을 스스로 포기했을까요?

민비가 해온 일을 짚으면 그럴 가능성은 없습니다. 민비는 이미 자신과 남편의 왕권, 그 최대의 특권을 지키기 위해 외세를 끌어들이는 데 이골이 난 여자였으니까요. 나중에 자세히 살펴보겠지만, 임오군란(1882)이 일어나 대궐에서 쫓겨났을 때 청나라에 군대를 보내달라고 했던 민비는 이후 동학농민혁명(1894)이 일어나 농민들을 관군으로 막을 수 없게 되자 다시 외세를 끌어들였습니다. 청나라와 함께 들어온 일본군은 북상하는 농민군 대다수를 우금티에서 학살했지요. 고종은 줏대 없이 국사를 왕비에 의존하고 있었습니다.

그러니까 우리가 애통해야 할 사실은 민비가 일본인 손에 죽었다는 데 있지, 그녀의 죽음 자체가 아닙니다.

민비와 고종이 스스로 왕권을 포기하거나 혹은 실권 없이 형식상 왕실만 유지하겠다고 선언하지 않는 한, 두 사람의 운명은 시민혁명의 길을 따를 수밖에 없었지요. 혹시 그런 논리가 과격하게 느낀다면, 독자가 지금까지 역사를 잘못 읽어온 셈입니다. 다시 가정해보세요. 민비가 계속 살았다면 어떻게 했을까요? 어느 날 고종하고 저녁을 먹은 후에 궁중에서 빚은 좋은 술을 마시다가 이제부터 아들에게 왕국을 물려줄 생각일랑 하지 말고 민주주의 사회로 가자고 제안했을까요?

그렇지는 않겠지요. 실제로 그 징후는 전혀 없었습니다. 만일 민비와 고종이 외세를 끌어들이지 않았거나 농민군의 요구를 기꺼이 받아들였다면, 조선은 일본 제국주의의 식민지로 전락하지 않았을 터입니다. 식민지의 역사가 없었다면 분단의 현실도, 동족상잔으로 수백만 명을 서로 살육한 일도 결코 없었을 게 분명합니다.

갑오년에 일어난 동학농민혁명은 아래로부터의 혁명 가능성을 충분히 보여주었습니다. 하지만 제국주의 외세의 개입으로 그 가능성은 무산되었지요. 동학농민전쟁의 패배 뒤 조선의 운명은 급속도로 기울기 시작합니다. 나라를 지킬 사람들이 대거 학살당했기 때문입니다.

다시 프랑스로 가보죠. 왕과 왕비의 목을 단두대에서 한칼에 잘라버렸지만 왕의 역사는 단숨에 물러가지 않았습니다. 왕들은 빈틈이 보일 때마다 다시 복귀했고, 그때마다 프랑스의 수도 파리는 사회구성원들의 피로 물들었습니다. 프랑스에서 왕권이 완전히 물러난 시점은 1789년에서 80여 년이 지나서입니다. 1848년 혁명과 1871년의 파리코뮌 투쟁 때 파리는 말 그대로 '피바다'였지요.

피비린내 진동하는 긴 투쟁을 거치면서 민주주의 사회가 비로소 뿌리내립니다. 그 점에서 단두대는 민주주의 사회의 출발점이라고 할 수 있지요. '민주주의는 피를 먹고 자라는 나무'라는 말이 단순한 수사가 아님을 확인할 수 있습니다. 그 명제는 좌파나 우파의 사관 문제가 아닙니다. 진보와 보수의 문제도 아닙니다. 객관적이고 엄연한 사실입니다.

기나긴 투쟁을 통해 신분제 사회를 끝장내는 혁명을 이루고 나서도 왕과 그의 일족들은 피의 보복을 하며 왕권을 회복하려고 나섰지요. 다시 사회구성원 다수인 민중이 자신들의 피로 강물을 이루며 왕을 쫓아냈습니다. 민주주의 사회라는 '어린 나무'는 그렇게 성장해갔지요.

영국혁명, 미국 독립혁명, 프랑스혁명은 어떻게 다른가요?

민주주의 사회를 연 시민계급의 투쟁은 영국혁명, 미국혁명, 프랑스혁명으로 정점을 이루었습니다. 역사가들은 세 혁명을 '세계 3대 시민혁명'으로 부릅니다. 시민혁명의 전형은 프랑스혁명이지만 시작은 영국 명예혁명(1688~1689)입니다.

피를 흘리지 않았다고 해서 붙여진 이름 '명예혁명'은 앞서 살펴보았듯이 청교도혁명에서 흘린 피가 있었기에 가능했습니다. 명예혁명으로 실정을 거듭하는 왕을 쫓아내고 새 왕을 자리에 앉힘으로써 의회의 권한은 커질 수밖에 없었지요. 왕위에 오른 윌리엄은 의회가 제정한 '권리장전'을 승인합니다. 권리장전은 "의회의 승인 없이 법을 제정하거나 법의 효력을 정지시킬 수 없다."와 "의회의 승인 없이 세금을 거둘 수 없다."를 명문화함으로써 정치 민주화에 큰 걸음을 내디디지요.

미국 독립혁명(1776~1783)은 영국이 식민지에 과도하게 세금을 부과하면서 비롯했습니다. 북아메리카 식민지에 살고 있던 사람들이 힘을 모아 과도한 조세에 항의했지만, 영국 의회가 묵살하지요. 그러자 영국에 맞서 독립전쟁이 일어납니다. 세금은 내면서도 정치에 참여하지 못하는 현실을 더는 참을 수 없었기 때문이지요. 처음에는 영국이 우세했지만 경쟁국이던 프랑스와 스페인이 식민지를 지원하면서 전세가 역전되기 시작합니다. 본디 왕 제도가 없었고 개척한 식민지였기에 미국은 독립을 이루면서 '국왕이 없는 나라'를 세울 수 있었습니다.

미국과 달리 프랑스혁명(1789~1799)은 절대왕정이 지배하던 나라에서 아래로부터 민중이 일으킨 전형적 시민혁명입니다. 프랑스 상공인들과 그들이 고용하고 있던 노동자들은 바스티유 감옥을 공격해 갇힌 사람들을 석방하고, 무기를 빼앗아 무장했습니다. 마침내 왕 루이 16세와 왕비 마리 앙투아네트를 처형하고 '자유, 평등, 우애'를 내건 근대 민주주의 사회를 열어갑니다. 하지만 민주주의 사회가 뿌리내리는 과정은 험난했습니다. 나폴레옹이 등장해 황제 자리에 올랐듯이 공화정과 왕정 사이를 오갑니다.

숱한 유혈사태 끝에 80여 년이 지난 1870년대 들어서서야 최종적으로 왕정이 근절되지요.

민주주의 사회와 자본주의 사회는 같은 말인가요?

시민혁명이라고 할 때 '시민'이 누구인가를 먼저 짚어볼까요? 본디 '시민'은 농촌과 농업에 기반을 둔 중세사회에서 성 밖에 거주하며 농사일을 하던 사람들과 달리 성안에 살던 상인과 공인을 가리키는 말이었습니다. '성곽도시(부르그, bourg)에 사는 주민'이라는 뜻에서 '부르주아지(bourgeoisie)'라고 부른 거죠. 도시에 사는 사람, 시민이라는 문자적 의미와 통합니다.

성안에 거주하는 수공업자(직인)들과 상인들로 성주(중세 영주)에게 세금을 바치면서 상품을 생산하고 판매했지요. 그들은 세금을 거둬가는 왕정에 대해 세월이 갈수록 비판적이 되었습니다. 상공인들은 왕정을 불편하게 여기면서 자연스럽게 자유를 주장해 갔습니다. 경제적 부를 통해 세력을 형성한 상공인들 사이에 왕족과 귀족의 정치 독점에 대한 비판이 퍼져가면서 그들 또한 정치 참여를 모색했습니다. 그 의지의 결집과 실행이 바로 시민혁명입니다. 시민혁명을 이룬 주체로서 시민을 볼 때 '정치 참여를 통해 자유와 평등, 우애를 추구하는 사람들'로 정의할 수 있겠지요.

그런데 성안의 경제력이 큰 상공인들은 이미 노동자를 고용하고 있었습니다. 민주주의 사회를 연 시민혁명에 노동자들도 열정적으로 참여했지요.

하지만 상공인들은 왕족과 귀족들로부터 빼앗은 정치권력이 개개인의 사유재산을 절대 보장해야 한다고 믿어 의심치 않았습니다. 자신들의 경제력은 스스로 일궈온 결과라고 확신했기 때문입니다. 상공인들이 자본주의 사회를 주도하면서 자신들이 고용하고 있던 노동자들과 갈등을 빚게 된 까닭도 거기에 있습니다.

따라서 민주주의와 자본주의는 함께 출발했다고 볼 수 있지만 같은 말은 아닙니다. 출발부터 추구하는 가치에 차이가 있었으니까요. 자본주의 사회의 상공인들과 노동자들은 처음부터 갈등을 피할 수 없었습니다. 하지만 그 갈등으로 민주주의는 성숙할 수 있었지요. 그 갈등을 인정하지 않을 때 민주주의는 독재로 흐를 수밖에 없습니다.

돈이 사람들을 평등하게 만들었다?

돈이 사람들을 평등하게 만들었다고 누군가 주장한다면 대부분 믿지 않겠지요. 하지만 틀린 말은 아닙니다. 아니, 진실의 중요한 단면을 보여주는 말입니다.

인류가 신분제 사회를 벗어나는 시민혁명의 일차적 주체는 다름 아닌 상공인들이었습니다. 왕과 귀족의 신분제 나라에서 상공인들이 세력화해가는 과정, 그것은 자본주의 사회가 보편화해가는 과정이기도 했습니다.

자본주의는 말 그대로 자본이 중심이 되는 사회입니다. 자본이 중심이 되는 사회가 형성되는 과정에서 화폐는 중요한 구실을 합니다. 상공인들이 세력화하면서 상업의 발달과 함께 화폐가 대량으로 유통되어 보편화되었습니다.

한 사회에 보편화된 화폐는 돈 앞에서 모든 사람의 이해관계가 똑같다는 의식을 심어주었습니다. 일정한 양의 돈으로 구입할 수 있는 것은 평민에게도 귀족에게도 심지어 왕에게도 똑같다는 사실을 사람들이 새삼스레 인식하게 됨으로써, 화폐 유통은 전혀 의도하지 않게 인간이 평등하다는 사상이 퍼져가는 결정적 계기가 됩니다. 화폐의 보편화가 토지에 근거한 신분제를 흔드는 현상은 역사상의 모든 사회에서 발견할 수 있습니다.

유럽에서 1400년대에 접어들며 발달하기 시작한 화폐경제를 배경으로 상인들은 수공업 생산물이나 원격지 상품 판매를 통해 부를 축적해갔고, 공인들과 함께 세력을 형성해갔습니다. 1600년대에 들어서면서 절대왕정 체제가 자리 잡아 왕권이 강화되는 현상이 표면적으로 나타났습니다. 하지만 체제 유지에 많은 돈이 필요한 절대왕정이 중상주의 정책을 펴나감에 따라 상공인들의 세력화는 가속도가 붙었고, 왕과 귀족들의 권위는 반비례로 약해져 갔지요. 돈이 사람을 평등하게 만든 것은 아니지만, 돈의 유통이 사회를 구성하는 모든 개개인에게 평등의식을 불러일으킨 것은 맞습니다.

4장
사회가 성장해온 힘

신분제 사회가 무너지는 결정적 전환점은 시민혁명이었지만, 민주주의 사회는 칼로 무 자르듯이 그 순간 실현된 것은 아닙니다. 당장 프랑스혁명만 보더라도 왕정은 다시 복귀했습니다. 민중은 다시 혁명을 일으켰고, 또다시 왕정이 복귀하는 싸움이 계속해서 일어났지요. 프랑스에서 왕정이 최종 마침표를 찍은 것은 파리에서 '피의 1주일'이라고 부를 만큼 처절한 시가전이 벌어져 3만 명의 민중이 학살된 뒤였습니다. 1871년 파리의 다리 밑에는 강물이 아니라 시신이 흐른다는 말이 나돌았지요. 하지만 그 피의 희생은 헛되지 않았습니다. 그 이후 프랑스에 왕정이 더는 발붙이지 못했을 뿐더러 더 나은 민주주의를 꿈꾸는 사람들에게 큰 영향을 주었으니까요.

자본주의 사회의 등장

상공인들이 중심이 된 자본주의 사회는 말 그대로 자본(Capital)이 중심이 된 사회입니다. 자본은 그냥 돈과는 다릅니다. 물론 '자본'의 정의를 두고 관점의 차이에 따라 개념에 대한 설명이 달라질 수 있습니다. 하지만 간단히 경제학적으로 정의하자면 "재화와 용역의 생산에 사용되는 자산"입니다. 더 쉽게 국어사전적 의미로 짚으면 "사업이나 장사의 기본이 되는 돈"입니다.

자본으로 사업이나 장사를 하는 사람들이 상공인들이지요. 자본을 소유하고 있다는 점에서 자본가라고도 합니다. 한국 사회에선 '자본가'라는 말보다 '상공인'을 더 많이 써왔습니다. 이를테면 대한상공인회의소가 있지요. '기업인' 또는 '경제인'이라고도 합니다. 다 같은 대상을 두고 하는 말입니다.

18세기 유럽 사회의 상공인들은 토지와 농민에 기반을 둔 신분제 사회에서 '시민계급'을 형성했고, 시민혁명으로 신분제 사회와는 다른 사회를 열었습니다. 그런데 거기서 더 나아가지는 않았지요.

왕권에 맞서 시민혁명을 이룰 때, 상공인들은 자신들이 고용하고 있던 노동자들을 선동해 평등하게 살자며 혁명의 대열에 앞장 세웠습니다. 하지만 시민혁명에 성공한 뒤, 그들은 경제력과 정치권력을 지키기 위해 자신들이 고용하고 있던 노동자는 물론 농민이나 빈민의 정치 참여를 원천적으로 배제해야겠다고 판단했습니다. 왕정을 무너트리는 데 앞장선 민중이 사회의 절대 다수였기에 그들에게 아무런 제약 없이 참정권을 준다면 권력을 빼앗길 수 있다는 '계산' 때문입니다.

역사적 전개 과정이 생생하게 입증해주듯이 상공인들은 올곧은 민주주의자는 아니었습니다. 왕족과 귀족이 누리던 정치적 특권을 빼앗을 생각은 아주 강렬했지만, 자신들이 누리고 있던 경제적 권력과 이를 기반으로 새롭게 손에 넣은 정치권력을 사회구성원들과 나눌 의지는 아주 부족했지요. 그들은 왕으로부터 빼앗은 국가 주권을 자신들의 특권으로 챙겼습니다. '민중 주권'이나 '주권재민'이란 말은 민중을 시민혁명의 전선으로 이끌어내는 '구호'에 머물렀지요.

북아메리카로 건너간 유럽의 이주민들이 미국을 건국하고 성장하는 과정도 마찬가지입니다. 유럽 사회에서 상공인들이 노동자들을 배제했듯이, 미국 사회는 본디 아메리카에 살고 있던 인디언들의 대량 학살과 흑인에 대한 착취 위에 건설되어 한계가 또렷했습니다.

물론 신분제 사회에 종언을 고한 시민혁명과 자본주의가 이룬 사회적 성과들은 정당하게 평가해야 옳습니다. 사회에 자본주의 체제가 들어서는 과정을 마르크스도 긍정적으로 서술했습니다. 상공인들(부르주아)을 다음과 같이 평가했지요.

부르주아지는 백 년도 채 안 되는 지배 기간 동안 과거의 모든 세대가 함께 이룩한 것보다 더 엄청나고 더 거대한 생산력을 산출했다. 자연력의 정복, 기계 장치, 산업과 농경 분야에서 화학의 응용, 기선 항해, 철도, 전신, 전체 대륙의 개간, 하천의 운하화, 마치 땅에서 솟아오른 듯한 인구의 폭발적 증가─이런 생산력이 사회 노동의 품에서 잠들어 있었다는 것을 이전의 어느 세기가 알아챘을까.

─『공산당선언』(이진우 옮김, 책세상 펴냄)에서

흔히 자본가계급(부르주아)을 비판만 한 것으로 오해받고 있지만, 마르크스는 누구보다 사회 성장에서 상공인들의 역사적 공헌을 꿰뚫고 있었습니다. 그들이 이룬 세계사적 '혁명'을 높이 평가하는 데 전혀 인색하지 않았지요. 그의 날카로운 분석을 조금만 더 들여다볼까요.

부르주아지는 역사적으로 매우 혁명적인 역할을 수행해왔다. 지배권을 얻은 부르주아지는 봉건적, 가부장적인 그리고 목가적인 관계들을 모두 파괴했다. 그들은 타고난 상전들에게 사람들을 묶어놓던 갖가지 색깔의 봉건적 끈들을 가차 없이 끊어버렸고 인간과 인간 사이에 적나라한 이해관계, 무정한 '현금 지불' 외에 다른 어떤 끈도 남겨두지 않았다. 그들은 신앙심에서 우러나오는 경건한 광신, 기사의 열광, 속물적 애상의 성스러운 전율을 이기적 타산이라는 얼음같이 차가운 물 속에 익사시켰다.

─『공산당선언』(이진우 옮김, 책세상 펴냄)에서

자본주의 사회가 이룬 성과를 평가하면서도 문제점을 지적하는 대목이지요. 노골적인 이해관계와 이기적인 타산이 지배하는 사회는 21세기인 지금도 논란이 되고 있습니다. 신분제 사회를 벗어나는 혁명으로 태어난 근대 민주주의 사회는 나라 안팎으로 심각한 결함을 드러냅니다.

국내적으로 상공인들이 고용한 노동자들은 장시간 노동과 불평등에 시달려야 했습니다. 이윤을 추구하는 상공인들의 논리가 국외로 나갈 때는 식민지를 착취하는 제국주의로 나타났지요. 우리가 19세기를 '제국주의 열강의 시대'로 규정하는 이유가 여기 있습니다.

사회 안팎에서 자본의 이윤 추구는 사회구성원들의 주권은 물론이고 국가 주권마저 유린했습니다. 자본주의를 넘어서는 게 절박한 시대적 과제로 떠오른 이유이지요.

애덤 스미스의 자본주의 비판

상공인들이 중심이 된 시민계급의 혁명은 한계가 또렷했기에 그 틀을 넘어서 자유와 평등, 우애를 이루려는 갈망과 의지가 구체적으로 표출되기 시작합니다. 자본을 가진 상공인들이 주도하는 자본주의 사회를 인간화하고 민주화하려는 사람들의 노력은 여러 갈래로 나타났습니다. 그 가운데 가장 강력한 흐름이 노동자들의 운동이었음을 부인하는 전문가는 없습니다. 엄연한 사실이기 때문이지요.

상공인들은 분업과 대량생산을 통해 생산력을 나날이 높여가며 부를 축적했습니다. 그럼에도 더 많은 돈을 벌기 위해 노동자들의 노동시간을 늘리면서도 임금은 가능한 한 적게 주었습니다. 1800년 대 중반 유럽 사회에서 노동자들의 평균 노동시간은 하루 12시간이었습니다. 한 사람의 임금(월급)만으로는 가족이 살아갈 수 없었기에 여성과 아이들도 노동을 해야 했습니다. 지금은 유치원에 갈 나이인 네 살 아이들이 일을 하기도 했지요. 가족들은 방 하나, 기껏해야 방 둘인 집에서 대가족을 이루며 살았습니다.

'자본주의 경제학의 아버지'로 불리는 애덤 스미스조차 사회구성 원의 "다수가 가난하고 비참한 사회는 번성할 수도 행복할 수도 없다."라며 경제 성장을 위해서라도 노동자의 임금수준을 가능한 끌어올려야 한다고 주장했습니다. 국가가 가난한 사람의 교육비용을 지불하고, 가난한 사람들이 공공토론에서 더욱 큰 목소리를 낼 수 있게 해줘야 한다는 주장을 스미스가 했다는 사실을 오늘날의 자본주의자들은 인정하고 싶지 않겠지요.

더구나 애덤 스미스는 자본주의 경제학의 상징처럼 전해오는 『국부론』에서 "한 사회의 구성원들이 소비하는 모든 필수적이고 편리한 생활 물자들을 조달해주는 원천적인 기원은 그 사회구성원들이 수행하는 노동에 있다."라고 강조했습니다. 민주주의 정치이론의 초석을 놓은 존 로크도 "자연은 그 자체로 아무런 가치를 갖지 못하지만 자연으로부터 생겨나는 유용한 산물들의 99%는 사람의 노동이 산출해낸 것"이라고 주장했습니다.

한국 사회에서 누군가 그런 말을 하면 당장 주변사람들이 '불순한 눈총'들을 쏘겠지만, 다름 아닌 자본주의 경제학과 정치학의 주츳돌을 놓은 사람들의 '노동'에 대한 평가는 역사적 사실이자 진실입니다.

하지만 상공인들은 스미스와 로크로부터 자신들에게 유리한 대목만 부각했습니다. 노동자들에 대해서는 억압하고 나섰지요. 시민혁명을 이룰 때의 약속에 견주어 말한다면, 그것은 노동자들에 대한 배신이 분명합니다.

당시 지구에서 자본주의 성장이 가장 뚜렷했던 영국에서 최초로 노동자와 관련한 법이 만들어집니다. 그런데 그 법 이름이 가관입니다. '토론회 금지법'(1799)과 '노동자 단결 금지법'(1800)입니다. 21세기인 지금 돌아보면 황당하기 그지없는 법이지만, 엄격하게 법을 적용했고 노동자들 사이에 토론과 단결의 움직임이 있으면 가차 없이 가혹하게 처벌했습니다. 흔히 '신사의 나라'로 불리는 영국의 민낯입니다.

이뿐만이 아닙니다. 시민혁명 초기에 상공인들의 위선을 뚜렷이 확인할 수 있는 대표적 보기가 투표권입니다. 자유와 평등과 우애를 내걸고 시민혁명으로 왕을 단두대에 올렸으면, 당연히 모든 사회구성원이 왕을 대신할 지도자를 투표로 뽑는 데 참여해야 옳았습니다.

하지만 상공인들은 자신들이 고용하고 있던 노동자들에게 투표권을 주는 데 더없이 인색했습니다. 투표권과 평등을 요구하는 노동자들을 잔인하게 살육했지요. 거리로 나선 노동자들은 시가전 중에 학살당했고, 상황이 종료되었을 때도 재판에 회부되어 처형당했습니다. 노동자들은 상공인들이 시키는 대로 일만 하고 "가만히 있어라."

라는 무서운 '경고'였지요.

복지 사회의 발전

노동자들은 어떻게 반응했을까요? 학살과 사형 집행을 서슴지 않는 거센 탄압 앞에 주춤하며 머뭇거릴 수밖에 없었겠지요. 그러나 정의롭지 못한 '질서'에 모든 사람이 순응하지는 않았지요.

인류의 역사를 톺아보면, 사람은 불평등을 결코 받아들이지 않아왔습니다. '호모 사피엔스'라는 말 그대로 생각하는 슬기를 지닌 인간에게 옳고 그름을 따지는 비판 의식은 아무리 억눌러도 살아날 수밖에 없으니까요.

상공업이 아니라 사람, 돈이 아니라 행복을 더 중시하는 사회를 일구려는 운동이 자본주의 사회에서 일어나는 것은 필연이었습니다. 프랑스혁명 뒤 200여 년의 역사를 톺아보면 자본주의 사회에서 민주주의를 일궈내려는 사회구성원들의 열정과 비판정신이 쉽 없이 이어져왔음을 확인할 수 있습니다. 무엇보다 선거권 확대 과정에 또렷하게 나타납니다.

왕의 목을 단두대에서 잘라버린 프랑스혁명 뒤에도 선거권은 보편화하지 못했지요. 프랑스에서 모든 국민에게 보통선거권이 주어진 것은 1789년 혁명 뒤 150여 년이 지난 1946년입니다. 그나마 프랑스는 아래로부터의 혁명이 줄기차게 이어졌기에 1848년에 남성에 대한 보통선거가 구현될 수 있었습니다.

명예혁명을 이룬 영국의 선거권도 단계적으로 확대되었습니다. 참으로 납득하기 어렵지만 20세기가 열릴 때까지 지구의 그 어떤 나라도 여성에게 선거권을 주지 않았습니다. 남성도 신분이나 재산, 인종에 따라 선거권을 제한했지요.

그렇다면 왜일까요? 무엇이 선거권을 확대하게 했을까요? 선거권을 요구하며 끊임없이 아래로부터 투쟁이 있었기에 가능했습니다. 선거권이 한 차원 더 확대될 때마다 수많은 민중이 피를 흘렸습니다. 선거권 확대는 피를 먹고 자라는 나무의 한 가지였던 게지요.

세계 곳곳에서 노동운동이 거세게 일어나고 20세기에 들어와 러시아에서 노동운동에 근거해 혁명까지 일어나자 상공인들이 주도한 자본주의 체제는 새로운 국면을 맞았습니다. 자본주의가 발달한 선진국에서 변화의 모습은 크게 두 갈래로 나타났지요.

먼저 국내적으로는 노동자들에게 '채찍'을 휘두르던 관행에서 벗어나 '당근'을 더 많이 주는 정책으로 바뀌었습니다. 복지 사회의 발전이 그것입니다. 만일 상공인들이 이끌어간 자본주의 사회에서 노동운동이 활발하게 일어나지 않았다면, 복지 사회는 현실화하지 못했겠지요. 노동운동에 나선 사람들은 사회 전반에 복지를 확대하는 투쟁에 앞장섰습니다. 상공인들도 자칫 모든 것을 잃을 수 있다는 위기의식을 느끼고 노동자들에게 '양보'하며 지배 체제를 유지하는 길을 선택했습니다.

'요람에서 무덤까지(from the cradle to the grave)'는 제2차 세계대

전이 끝난 뒤 영국 정부가 내세운 슬로건입니다. 태어나서 죽을 때까지 모든 사회구성원의 최저 생활을 국가가 사회보장제도로 책임진다는 정책이지요. 자본주의가 불러온 경제 대공황과 두 차례의 세계대전을 거치면서, 그 시기를 몸으로 겪은 대다수 사람들이 현실에 대해 비판 의식을 지녔기 때문입니다.

제국주의자들은 두 차례에 걸쳐 세계대전의 살육과 파국을 겪으면서 성찰하지 않을 수 없었습니다. 선진 자본주의 사회의 상공인들이 식민지 사회에 살고 있는 민중을 착취하고 학살하는 한편, 자기들끼리도 서로 피비린내 나는 전쟁을 벌였으니까요.

제1·2차 세계대전을 겪으면서 미국과 유럽에서 보통선거권이 확립되던 바로 그 시기에 대한민국 정부가 수립됨으로써, 제헌 헌법 또한 보통투표제를 명문화하지 않을 수 없었습니다.

자본주의 사회에서 비로소 개인이 탄생했다?

자본주의 사회에서 비로소 개인이 탄생했다고 주장하는 사람들이 적지 않습니다. 상공인들의 힘이 커지면서 개인을 발견하게 되었다는 논리지요. 왕의 신화적 지위와 독점적 정치력에 의문을 제기하는 생각이 글로 나타나기 시작한 사실을 증거로 제시합니다.

가령 17세기 영국의 문필가 오버톤(Richard Overton)이 1646년에 쓴 「모든 폭군을 향해 쏘는 화살」은 당대의 시대상을 단적으로 보여줍니다.

> 지상에 사는 모든 개인에게는 누구도 침해하거나 빼앗을 수 없는 자기에 대한 소유권이 천부적으로 주어졌다. 내가 나인 것은 내가 바로 나의 소유자이기 때문이다. 아무도 나의 권리와 자유를 침해할 수 없으며, 나 또한 타인의 권리와 자유를 침해할 수 없다. 내가 가진 유일한 권리는 개인으로서 내가 되는 것이고, 내 소유인 내 삶을 누리는 것이다. 바로 이와 같이 우리는 살아야 한다. 각자가 타고난 권리와 특권, 더 나아가 신이 우리에게 본래적으로 부여하지 않은 모든 권리까지 누리면서 말이다. …… 왜냐하면 모든 인간은 본래 자연스러운 자신의 범위와 한계를 지닌 왕이요, 사제요, 선지자이므로. 그가 위임하거나 자유롭게 동의하지 않는다면 누구도 이런 위치를 나누어 가질 권리가 없기 때문이다. 그것이 바로 인간의 천

부적 권리이자 자유인 것이다.

모든 인간이 왕이라는 언명, 실제로 그것은 왕국의 시대에 혁명적 발상이었습니다. 근대철학의 '아버지'라 불리는 르네 데카르트가 '나는 생각한다. 고로 나는 존재한다.'라고 선언한 시점과 비슷합니다. '세상에서 가장 중요한 것은 자기 자신이 되는 것'이라는 몽테뉴의 경구가 퍼져가던 시기이기도 했습니다.

기실 근대 시민사회 이전의 사람은 '개인'이라고 하기 어렵습니다. 신분제의 두터운 질서 아래 태어날 때부터 특정 신분의 인간으로 규정되었기 때문이지요. 왕족이나 귀족의 집안에서 태어난 사람과 평민이나 천민으로 태어난 사람은 결코 같은 존재일 수 없었습니다.

인간이 인간으로서 자기 자신을 발견하는 일, 바로 그것이 개인의 등장이었습니다. 근대적 개인은 상공인들의 세력화를 전제로 하고 있습니다. 그들이 주도해 시민혁명을 일으켰으니까요. 시민혁명에 상공인들과 더불어 노동자들이 참여했듯이, 개인의 발견 또한 마찬가지입니다. 자본주의 사회를 연 상공인들은 '개인'을 중시했지만, 그 개인에 대한 존중이 자신들이 고용하고 있던 노동자들까지 포함하진 않았지요. 개인의 탄생은 자본주의와 동시에 성숙해간 민주주의 사회에 뿌리를 내리며 자라기 시작했습니다.

사람은 살아가면서 다른 사람들과 관계를 맺습니다. 가장 원초적 관계는 더 말할 나위 없이 가족관계이지요. 그런데 독일의 중등학교 교과서는 가족관계 못지않게 중요한 인간관계가 노사관계라고 밝힙니다. 가족을 사회로 볼 수 없다면, 노사관계는 인간에게 가장 중요한 사회적 관계이지요.

실제로 사람은 학교를 모두 마친 뒤부터 평생 노사관계 속에서 살아갑니다. 노동자가 되거나 사장이 되거나 모두 노사관계를 맺으니까요. 그래서 독일은 물론 유럽 대다수 사회가 학교에서 노사관계를 가르치고 실제 '노사관계 모의실습'을 합니다. 독일은 노동법에 근거한 노사관계를 중학교 때부터 사회과목 교과서를 통해 가르칩니다. 특히 직업학교에서는 학생들이 직접 노동조합 간부나 사용자의 위치에서 임금 협상과 단체 교섭을 진행하는 연습을 하지요. 프랑스 사회에서도 중학교 때부터 노동운동의 역사, 노동권의 발전 과정을 상세히 가르칩니다.

사회과목 시간에 노동교육을 중시하는 이유는 분명합니다. 당장 지금 독자와 같은 교실에 앉아있는 학우들을 돌아보기 바랍니다. 학우들 가운데 아마 열에 아홉 명은 아버지와 어머니가 임금(월급)을 받고 일하는 노동자이겠지요. 학우들도 20대가 넘으면 그 길을 걸어갈 게 분명하고요.

그런데 왜 한국 사회는 노사관계의 중요성을 진지하게 가르치지 않을까요? 노사관계를 가르치는 선생님을 혹 이상하게 바라보는 시선이 교실 안에도 있지 않을까요? 한국 사회의 어느 교실에서 뜻있는 교사가 노사관계를 가르치면 어떻게 될까요? 신고가 들어가고, 신문과 방송이 그 교사를 사상이 의심스럽다고 몰아가겠지요.

한국 사회의 현행법에 따르면 만 15세 이상의 청소년은 일을 할 수 있고, 일하는 기간이나 시간에 관계없이 최저임금, 1주에 15시간 일을 한다면 주휴일, 산재보상 보장을 받을 수 있습니다. 하지만 실제 10대들이 일하는 현장에서 노동법은 휴지조각이 되고 있습니다. 근로계약서 작성을 비롯해 헌법에 보장된 노동자로서 기본적 권리는 지켜지지 않고 최저임금에 밑도는 돈을 받거나 심지어 임금을 떼이기도 합니다.

노사관계는 앞으로 10대들이 평생 맺어갈 인간관계입니다. 노동자로서 헌법과 노동법에 보장된 권리를 적극 찾아가야 합니다. 노사관계가 사회적 관계망에서 내 인생을 가장 크게 결정한다는 인식이 그 첫걸음이겠지요.

여성 투표권은 남성들이 '배려'했을까요?

"존경하는 신사 숙녀 여러분."

공식 자리에서 미국과 유럽인들이 즐겨 쓰는 말입니다. '신사의 나라'로 불려온 영국을 비롯해 서양 사회에서 남성들은 여성을 우선 배려한다는 이야기도 흔히 들립니다. 그런데 1909년 영국의 한 '숙녀'는 다음과 같이 증언했습니다.

> 고막은 터져나가는 것 같고, 목과 가슴에 끔찍한 통증이 있었어요. 급식 튜브는 가슴뼈 아래 50cm 속으로 처박히는 느낌이었습니다.

이 여성이 남성 경찰로부터 당한 '강제 급식'은 그녀가 감옥에서 단식을 했기 때문입니다. 단식이 오래가면 자칫 죽을 수 있고, 죽게 되면 사회적 파장이 커지기 때문에 두 손과 두 발을 묶고 강제로 음식물을 집어넣었지요. 도대체 그 여성은 무슨 잘못을 저질렀을까요? 단 하나입니다. "여성에게도 투표권을 달라."라고 요구한 것입니다.

미국 사회의 경우는 당시 여성 노동자들은 먼지로 자욱한 일터에서 하루 평균 13시간을 일했습니다. 그래야 본인은 물론 가족이 굶주리지 않았으니까요. 그런데 이들은 여성이라는 이유만으로 선거권도 노동조합 결성의 자유도 없었습니다.

1908년 어느 날 미국의 한 일터에서 불이 나 힘겹게 일하던 여성 노동자들이 숨졌습니다. 더는 참을 수 없었던 여성 노동자들은 1908년 3월 8일 거리로 나섰지요. 1만 5천여 명의 여성 노동자들은 뉴욕 시를 가로지르며 참정권과 노동권을 요구했습니다.

당시 시위에 나온 여성 노동자들은 "생계를 위해 일할 권리(빵)와 사람답게 살 권리(장미)를 달라."라고 외쳤습니다. 그 시위로 '빵과 장미'는 '세계 여성의 날'을 상징하게 되었지요. 그러니까 여성들의 노동권은 물론 투표권조차도 그저 얻은 게 아닙니다. 수많은 여성들의 희생이 있었지요. 그 대열에 가장 선두엔 여성 노동자들이 있었고요. 지금도 해마다 3월 8일을 '세계 여성의 날'로 기념하고 있는데, 유엔(UN)이 지정한 국제기념일입니다.

남성 노동자들은 그보다 앞서 투표권과 '하루 8시간 노동제'를 쟁취했지요. 지금은 상식처럼 되어 있는 하루 8시간 노동에도 숱한 노동자들의 한이 서려 있습니다. 1886년 5월 1일부터 5월 4일까지 미국의 시카고에서 8시간 노동제를 요구하는 노동자들의 시위가 벌어졌을 때, 많은 노동자들이 경찰의 발포로 숨졌습니다. 5월 1일이 '메이데이'로 불리는 노동절이 된 이유입니다.

노동자와 여성들에게 최소한의 법적 평등이 이뤄지기까지 지구촌 곳곳에서 얼마나 많은 죽음이 있었을까요? 사회는 바로 그 희생을 거름으로 성장했지요. 시각의 차이가 있을 수 없는 진실입니다.

5장
신자유주의 사회: 돈이 독재하는 사회

선진 자본주의 사회들 사이에 전쟁이 일어나 그들의 식민지 사회까지 번진 제1·2차 세계대전이 끝난 뒤 주된 전쟁터였던 독일과 프랑스의 산업은 잿더미가 되었습니다. 동아시아에서 경제 성장이 가장 앞섰던 일본 또한 미군의 공습으로 큰 손실을 입었지요.

프랑스와 독일, 일본 사회가 '폐허'에서 경제를 재건하고 이어 1960년대에 본격적으로 지구촌에 시장을 넓혀가면서 자본주의 중심 국가인 미국의 위상이 흔들리기 시작합니다.

미국의 위기와 신자유주의의 대두

1970년대 들어서면서 미국 사회는 경제 불황으로 실업자가 늘어났고 같은 시기에 베트남 전쟁에서 패배하면서 군사적 패권도 크게 흔들렸습니다. 게다가 1979년까지 '친미 국가'였던 이란에 혁명이 일어나고 수도 테헤란의 미국 대사관이 점거당한 사건은 미국의 황혼을 예고하는 역사적 신호로 받아들여졌지요. 점거당한 대사관의 인질을 구출하려던 미군 특수부대의 군사작전 실패는 베트남 사이공의 미국 대사관 옥상에서 대사관 직원들이 헬리콥터로 도망가던 일과 겹쳐지면서 미국의 위기의식을 증폭시켰습니다.

공화당 정치인으로 오랫동안 자본의 이익을 대변해왔으며, 소련에 대해선 강경론으로 일관해온 레이건은 미국 사회구성원들에게 퍼져가던 좌절감을 십분 활용했습니다. 이따금 할리우드 서부영화에 출연하고 광고 모델로 활동했던 레이건은 영화배우로는 성공하지 못했지만, 베트남전쟁 패배와 이란에서의 구출 작전 실패로 실추된 미국의 위신을 되찾겠노라며 대통령 선거에 나서 당선됐지요.

취임 직후부터 레이건은 군사적 패권을 되찾아야 한다며 군사력을 대폭 강화해나갔고, 소련과의 화해 또는 공존 정책(데탕트)에서 벗어나 공세적으로 나섰습니다. 소련을 '악의 제국'으로 부르며 세계적 차원에서 미국과 소련의 대립구도를 '선과 악의 대결'로 부각했지요. 미국의 중앙정보국(CIA) 또한 동유럽에서 정치공작 활동을 강화하며 소련을 압박해갔습니다.

대소 군사력 우위를 지상의 목표로 내건 레이건의 정책은 1983년 3월 전략방위계획(Strategic Defense Initiative, SDI) 구상에서 정점에 이릅니다. SDI는 상대국의 대륙간탄도미사일(ICBM)을 발사 초기 단계에 탐지해 '격추'하는 첨단 시스템을 개발한다는 구상입니다. 천문학적 자본을 쏟아 부어 미사일 방어 체계를 만듦으로써 소련의 미사일 체제를 무력화하고, 미국이 핵무기를 독점하고 있던 1940년대 후반의 패권 지위로 돌아가겠다는 의지를 노골적으로 드러낸 거죠.

'악의 제국'에 맞서 레이건이 강조한 '자유'의 수사학은 대외적·군사적 차원에 그치지 않았습니다. 국내적으로 시장의 자유, 자본의 자유를 전면에 부각합니다. 바로 신자유주의이지요.

레이건의 '자유'는 국외에선 미국의 세계 패권의 추구로, 국내에선 자본에 대한 국가 규제의 완화로 구현되었습니다. 기업 활동에 대해 세금을 비롯해 모든 규제를 완화하는 정책, 이른바 레이거노믹스(Reaganomics)는 곧바로 복지 정책의 축소로 이어질 수밖에 없었습니다. 복지 예산을 줄이면서도 국방 예산은 대폭 늘렸지요.

결국 '자유화'의 명분 아래 '탈규제화, 민영화, 유연화, 개방화'가 시대의 흐름처럼 강조되었습니다. 미국 안에서 본격적으로 전개된 신자유주의 정책은 다시 미국과 밀접한 경제 관계를 맺고 있는 사회들에 깊은 영향을 끼쳤습니다. 레이건에 조금 앞서 이미 영국의 대처 총리가 신자유주의 정책을 강력히 추진하고 있었기에 상승작용을 일으켰지요.

신자유주의의 민낯

신자유주의는 기업의 자유와 시장의 자유, 재산권을 중시하며 정부의 시장 개입은 경제의 효율성이나 형평성을 되레 악화시킨다고 주장합니다. 공공복지 제도를 확대하는 것 또한 정부의 재정만을 팽창시킬 뿐 노동 의욕을 감퇴시켜, 이른바 '복지병'을 불러온다고 반대하지요.

신자유주의는 국가 사이에 아무런 규제가 없는 자유무역과 국제적 분업을 명분으로 전면적인 시장 개방 논리를 펴나갔습니다. '세계화'와 '자유화'의 구호는 세계무역기구(WTO)를 통한 시장 개방 압력과 국가 간 자유무역협정(FTA)으로 나타났지요.

모든 것을 시장의 경쟁 논리에 맡길 때, 당장 눈앞의 기업 '효율성'이나 국가 경쟁력을 높이는 효과가 따를 수도 있습니다. 하지만 바로 똑같은 이유에서 20퍼센트의 부익부와 80퍼센트의 빈익빈으로 빈부 격차가 확대되고, 선진국과 후진국 사이에 '남북 격차'도 더 커질 수밖에 없습니다.

많은 사람들이 정치와 경제를 분리된 것으로 이해하는 '정규 교육'과 '미디어 교육'에 익숙해 있지만, 신자유주의는 미국의 패권주의와 결코 무관하게 전개되지 않았습니다. 신자유주의는 출발부터 미국의 군사적 패권주의와 동전의 양면으로 세계적 흐름을 형성해 갔으니까요. 세계 자본주의 경제와 미국 패권의 동시적 위기를 배경으로 집권한 레이건 정권 아래에서 정치적·사상적·이론적 헤게모

니를 장악한 신자유주의의 '정당성'은 소련과 동유럽의 공산주의 몰락으로 더 힘을 얻었습니다.

신자유주의든 자유주의든, 시장의 자유나 국가 개입의 축소로만 이해하는 것은 진실과 다릅니다. 가령 고전적인 자유방임주의조차 당시 세계적 패권을 지녔던 단 한 나라, 영국에서만 가능한 일이었으니까요. 그것도 적용할 수 있는 시기가 한정되어 있었습니다. 영국은 다른 나라보다 일찍 공업화와 산업화에 성공했기에, '자유무역'은 자신들의 시장을 확장하는 전략인 동시에 경쟁자들을 시장에서 따돌릴 수 있는 방법이었습니다.

흔히 영국의 경제적 자유주의가 국가 개입을 부정적으로 생각해 배제한다고 하지만 실제는 전혀 달랐던 거죠. 영국이라는 강력한 제국을 유지하는 밑바탕은 군사력이었습니다. 그 군사력을 바탕으로 영국 기업인들은 다른 경쟁자들에 비해 우월한 지위를 누렸고, 제국주의적 강탈도 서슴지 않았던 게 엄연한 역사의 진실입니다.

자유주의는 역사상 나타난 형태로 보면 제국주의와 동전의 양면이었습니다. 신자유주의도 마찬가지입니다. 미국의 이라크 침략이 단적으로 드러내주듯이 신자유주의는 군사적 제국주의와 이어져 있습니다. 경제 성장에 꼭 필요한 석유가 풍부하게 매장된 이라크를 침략해 그 사회에 친미·친시장주의 정권을 세우는 미국의 모습은 신자유주의의 본질을 생생하게 드러내줍니다.

영국이 세계 패권을 유지하며 자유주의와 제국주의를 내걸었듯이 21세기 첫 10년의 미국은 신자유주와 신제국주의의 길을 걸었습니다. 과거의 군사적 제국주의와 달리 신제국주의는 미디어를 통해 군사적 침략과 경제 침탈을 '새로운 자유'라는 이름으로 세련되게 정당화하고 있지요.

신자유주의 사회의 정점인 미국 사회는 국민총생산이 세계 1위입니다. 금 보유액, 에너지 사용량, 인터넷 인구, 공항 수, 도로와 철도 길이 두루 1위이고, 노벨상 수상자까지 1위입니다.

그러나 미국 사회의 또 다른 얼굴이 있습니다. 온실가스 배출량 세계 1위로 '지구온난화'의 '원흉'이지요. 인구 10만 명당 교도소 수감자 비율도 1위로, 세계에서 인구 대비 감옥에 갇혀 있는 사람이 가장 많은 나라입니다. 사회구성원들이 부담하는 연간 의료비 또한 1인당 약 670만 원(5,700달러)으로 세계 1위이지요. 2013년 11월 미국 연방 인구조사국에 따르면, 미국의 빈곤층 인구가 4,970만 명에 이릅니다. 이는 미국 전체 인구의 16%에 해당합니다. 게다가 식량이 넘쳐 나지만 매일 끼니 걱정을 하는 아이들이 2,000만 명입니다. 세계 초강대국으로 '자유의 전도사'를 자부하는 미국 사회의 이런 현실은 신자유주의 사회의 야만성을 입증해주지요.

객관적 사실에 근거할 때 미국이 세계 유일의 초강대국으로서 패권을 휘두르는 힘의 배경은 막강한 군사력과 그것을 뒷받침하는 경제력입니다. 미국은 군사비 세계 1위, 군사 장비 수출 역시 세계 1위입니다. 문제는 군사력의 근거이기도 한 경제력이 '달러'에 의존한다는 데 있지요. 미국은 세계 최대 채무국입니다. 미국 자본주의를 뒷받침해주는 것은 세계 금융자본을 좌지우지하고 있는 금융 지배

력입니다.

온 세계를 상대로 한 손에는 달러, 다른 한 손에는 총을 들고 있는 게 미국의 꾸밈없는 민낯입니다. 지나친 평가라고 생각하는 독자도 있겠지만 찬찬히 톺아볼 일입니다. 미국의 지배세력에게는 세계 패권을 내내 누리려는 노력이 당연할 수 있으니까요. 미국 정치·경제·언론계의 '여론 주도층'들이 국제 커뮤니케이션 체계를 통해 그것을 국내적으로는 미국의 '국익'으로, 국외로는 '자유'로 세련되게 '화장'해왔기에 맨얼굴의 진실이 낯설게 다가올 뿐입니다.

미국에서의 신자유주의 비판

다행히 미국 사회 안에서도 신자유주의에 대한 고발이 줄을 잇고 있습니다. 가장 대표적인 사람이 '세계의 양심'으로 불리는 노엄 촘스키(Avram Noam Chomsky)입니다. 언어학의 세계적 권위자인 촘스키는 미국의 베트남전쟁을 강력하게 비판하면서 강대국의 불법적이고 부당한 횡포를 고발해왔습니다. 그의 신자유주의 비판도 그 연장선입니다.

촘스키는 신자유주의가 한 사회의 '소수 이익집단이 그들의 이익을 극대화시키기 위해서 가능한 한 많은 분야에서 사회를 지배하도록 허용한 정책과 조치'라고 비판했습니다.

촘스키가 말하는 소수 이익집단의 주역은 '거대 기업들'입니다.

촘스키는 그들이 세계 경제를 주도하고, 그들이 소유한 언론매체들을 통해 여론을 조작한다고 지적합니다. '자유 시장'이 가장 합리적이며, 효율적이고 공정한 경제라면서 사람들을 세뇌시키는 온갖 '찬송'들을 신문과 방송을 통해 확산해간다는 거죠. 그래서 촘스키는 단언합니다. 신자유주의자들에게 "국민은 없다. 다만 그들의 지배와 이익만이 있을 뿐"이라고요.

신자유주의 체제에서 정치인들은 국민들에게 부의 재분배와 생활 수준 향상을 약속하지만, 결과는 언제나 투자자들과 그들에게 협조한 부자들만의 이익을 증가시켜줬을 뿐입니다. 더구나 전 세계를 시장으로 이윤을 추구하는 거대 기업들은 세계적인 환경재앙을 불러오고 민주주의를 가로막는다고 비판합니다.

미국의 저명한 경제학자도 신자유주의 비판에 앞장서고 있습니다. 세계은행 수석 부총재를 역임했고 노벨경제학상을 받은 조지프 스티글리츠(Joseph E. Stiglitz)는 '불평등'을 해부한 책에서 단언합니다.

> 시장은 진공 상태에 놓여 있는 것이 아니다. 시장은 정치의 영향을 받는다. 그런데 정치는 대개 상위 계층에게 혜택을 주는 방향으로 시장에 영향을 미친다.

거기서 그치지 않지요. 간명하게 시장은 "불평등을 생산하는 기계 장치"라고 정의합니다. 흔히 신자유주의자들이 시장을 옹호하며 전가의 보도처럼 '효율성'을 내세우지만, 스티글리츠는 그 논리가 케

케묵은 이데올로기에 지나지 않음을 파헤칩니다.

이를테면 기업들은 경제가 어려워지면 효율성을 내세워 인력을 마구 감축하고, 인력 감축을 통해 생산성을 높였노라고 자랑스럽게 내세우지요. 하지만 그로 인해 일자리를 잃은 노동자들이 늘어나면 결국 기업들이 생산하는 제품을 구입할 소비자가 줄어들고, 기업은 다시 경영이 어려워져 인력을 또 줄이는 정책을 펼치면서 실업률이 높아지는 악순환을 이룹니다.

스티글리츠의 장점은 경제학자답게 통계를 '증거'로 탄탄하게 논리를 전개하는 데 있습니다. 30여 년 전, 그러니까 레이건이 집권하는 1980년대가 열릴 때 미국의 상위 1퍼센트는 국민 소득의 12퍼센트를 차지했습니다. 그 또한 불평등이 분명하지만, 2010년대에 접어들며 그 비율은 두 배로 껑충 뛰어 25퍼센트가 되었습니다. 30년 동안 하위 90퍼센트의 임금은 15퍼센트 늘어났지만, 상위 1퍼센트는 150퍼센트 늘었고, 상위 0.1퍼센트는 300퍼센트 증가했습니다.

그렇다면 왜 미국 사회의 상류층은 신자유주의를 옹호하며 공공 부문 지출에 부정적일까요? 스티글리츠도 지적했듯이 두 가지를 꼽을 수 있습니다.

첫째, 상류층 부자들은 정부의 도움이 없어도 스스로 건강, 교육을 비롯한 필요한 영역에서 최고의 서비스를 받을 수 있어서입니다. 한마디로 말하면 정부가 시장을 규제하지 않고, 복지에 전혀 지출을 하지 않아도 아쉬울 게 하나 없는 사람들입니다.

둘째, 사회를 구성하는 대다수 민중에게 공공 서비스를 비롯한 복지정책을 추진하면 부유층의 소득에 높은 세율을 적용해 소득재분배 정책을 실시할 수밖에 없어 결국 자기 소득이 줄어들 뿐만 아니라, 현재 누리고 있는 부의 일부를 빼앗길 수 있다는 불안감 때문입니다.

지구촌의 많은 사람들이 미국을 선망하지만, 스티글리츠는 미국 사회가 더는 '기회의 땅'이 아니라고 증언합니다. 가진 것 하나 없는 사람도 성실하게 노력하면 성공하고 부자가 될 수 있는 이른바 '아메리칸 드림'은 미국 사회에서 더 이상 가능하지 않다는 거죠. "1퍼센트의, 1퍼센트를 위한, 1퍼센트에 의한" 나라가 되었답니다.

자본 독재를 넘어 경제적·사회적 민주화로

신자유주의를 비판해온 촘스키는 미래를 비관하지 않습니다. 인류는 본질적으로 민주적인 성향을 띠고 있다고 촘스키는 강조합니다. 오늘날 우리가 누리고 있는 보통선거권, 여성의 권리, 노동조합, 시민권들도 모두 조직화된 정치운동을 통해서 얻어진 것임을 상기시키지요. 그는 "대대적인 정치운동만이 지금의 세계를 인정 넘치는 세상으로 만들어줄 것이라는 사실을 잊어서는 안 된다."라고 역설합니다.

스티글리츠도 민주주의가 평등성을 강화하는 방향으로 시장의 힘을 재조정할 수 있다며 그 방법을 두 가지로 제시합니다.

첫째, 하위 99퍼센트가 자신들이 상위 1퍼센트의 농간에 놀아나고 있으며, 상위 1퍼센트에게 이로운 것은 자신들에게 이로운 것이 아님을 깨달아 가는 길입니다. 물론 상위 1퍼센트는 가만히 손 놓고 있지 않지요. 그들은 99퍼센트에게 또 다른 세계를 만드는 것은 불가능하며, 상위 1퍼센트가 원치 않는 일을 하면 99퍼센트가 반드시 피해를 본다는 논리를 퍼트리기 위해 부지런을 떨고 있습니다. 스티글리츠는 자신이 책의 대부분을 그 '신화'를 깨는 데, 우리가 더 역동적이고 효율적인 경제와 더 공정한 사회를 가질 수 있음을 논증하는 데 할애했다고 밝히고 있습니다.

둘째, 상위 1퍼센트가 미국 사회에서 벌여온 일들은 미국인들의 가치에 부합하지 않을 뿐 아니라 자신의 이익에도 부합하지 않는다는 사실을 깨닫는 길입니다. 하지만 그들이 깨닫지 않으면 어떻게 해야 할까요? 이 대목에선 스티글리츠의 주장에 순진한 면이 없지 않습니다.

이와 함께 흥미롭게도 경제학자 스티글리츠는 촘스키가 그랬듯이 언론 문제를 정면으로 제기합니다. 수많은 신문과 텔레비전 방송국이 다양한 의견을 반영하고 있지만, 미국 언론계에는 참된 의미의 경쟁이 자리 잡을 가능성이 없다고 날카롭게 진단합니다. 미국 언론이 상위 1퍼센트에 의해 소유되어 지배받고 있기 때문이지요.

언론이 편파적으로 정보를 제공하면, 유권자는 균형 잡힌 정보를 얻을 수 없습니다. 충분한 정보를 지닌 공중의 존재는 민주주의의 정상적 작동에 긴요한 요소이기에 "적극적이고 다양한 언론이 보장되어야 한다."라고 스티글리츠는 강조합니다.

실제로 지구촌의 여러 국가들이 언론의 다양성을 보장하기 위해 노력하고 있고, 어느 정도 성과를 거두고 있습니다. 이미 북유럽 복지 사회들은 다양성 보장을 위해 신문에 공적 지원을 아끼지 않습니다.

노벨경제학상을 받은 스티글리츠를 통해 미국 사회의 불평등을 짚었습니다만, 촘스키가 강조했듯이 신자유주의는 단순한 경제 현상만이 아닙니다. 정치, 사회, 문화 전반에 걸쳐 시장의 논리를 확대하면서 지구온난화를 비롯해 생태계를 원천적으로 파괴하고 있으니까요.

한국에서도 이미 전두환 정권 초기에 레이거노믹스가 '공급 중시 경제학'으로 대대적으로 홍보되었습니다. 정부의 주요 기관들은 물론 신문과 방송이 소비자들의 수요보다 공급, 곧 기업의 상품 생산을 중시해야 한다는 조지 길더의 책 『부와 빈곤』을 마치 '진리'인 듯 전파했지요. 조지 길더는 책 들머리에서 "부는 많은 사람들이 원하지만 부를 창조해 나가는 과정은 비민주적이다."라고 강조했고, '세금을 줄여서 모두가 생산에 참여하게 해 세상을 풍요롭게 해야 한다.'라고 주장했습니다.

기업을 중심에 둔 국정 운영은 군부독재가 물러난 뒤에도 역대 정부가 답습했습니다. 공공연하게 '기업하기 좋은 나라'를 목표로 내세웠지요. 그 결과 한국 사회의 대기업들은 사회적 책임의식이 크게 부족해졌습니다. 이를테면 한국의 대기업이나 은행들은 한국 사회의 높은 실업률을 버젓이 알면서도 '구조조정'이란 명분으로 정리해고를 일삼고 있습니다.

그러다 보니 '경쟁'과 '승자 독식'의 논리가 젊은 세대를 비롯한 사회구성원 모두의 일상생활까지 깊숙이 침투해 들어가고 있습니다. 대졸 청년 실업자들이 곰비임비 목숨을 끊는 비극은 노동자, 농민, 빈민들의 비극적 최후와 더불어 신자유주의에 모두 연결되어 있지요.

신자유주의의 자유는 '자본이 누리는 절대적 자유'를 뜻하므로 그것을 한마디로 줄이면 '자본 독재'가 됩니다. 경제만이 아니라 정치, 사회, 문화, 언론 모든 영역에서 자본의 논리가 지배한다면 큰 문제일 수밖에 없겠지요.

'자본 독재'라는 개념이 낯설 수 있습니다. 그 말이 한국 사회에서 살아온 우리 10대에게 너무 생경하지 않을까, 이 책을 쓰면서 우려도 했습니다. 하지만 다름 아닌 교황 프란치스코도 "규제 없는 자본주의"를 '새로운 독재'라고 비판하고 있습니다. 교황이 '자본 독재'를 공식적으로 거론할 만큼 새로운 독재가 21세기에 보편화하고 있다고 보아야겠지요. 신자유주의 사회, 돈이 독재하는 사회입니다.

신자유주의식 세계화가 이뤄진 사회에선 민주주의 탄생기의 시민을 찾아보기 어렵습니다. 자본주의 사회를 성장시킨 노동자들도 잘 보이지 않습니다. '시민'과 '노동자'가 모두 밀려난 곳을 차지한 것은 자본입니다. 신자유주의 시대에 민주주의가 위기를 맞았다고 보는 이유입니다.

신자유주의 사회의 주체는 사람이 아니라 자본, 돈입니다. 신자유주의라는 개념을 우리가 사용할 때, 그 개념의 앞이나 뒤에 '자본 독재'라는 말을 늘 함께 쓸 필요가 있지요.

신자유주의 시대의 주체가 자본이라는 사실은 금융의 세계화 현상에서 단적으로 드러납니다. 금융 자유화(liberalization of banking)는 정보 통신망의 발달로 인한 금융 국제화로 금융기관이 자금 조달과 운용에 제한을 받지 않고, 은행의 영역이 확대되어 무역·외환·자본과 용역에 관한 모든 업무를 자유롭게 취급하는 현상을 이룹니다. 환율과 금리 관계가 중요해지면서 각국 중앙은행의 영향력은 크게 줄어들었습니다.

금융 자유화가 온 지구촌에 퍼져가는 시대를 살아가는 사회구성원 대다수는 언제나 '재테크'로 권장되는 돈 벌기 환상에 사로잡히게 마련입니다. 부익부 빈익빈이 갈수록 커져가고 80 대 20의 사회가 되어 가는데도 대다수 사람들이 '황금만능주의'에 물들어 있는 이유도 여기에 있습니다.

게다가 잘나가는 20퍼센트가 주로 소유하고 있는 다수 신문과 방송, 인터넷이 금융화와 재테크를 일상적으로 부추기고 있기 때문에 그 허위의식에서 벗어나 신자유주의의 본질을 꿰뚫기란 결코 쉬운 일이 아닙니다.

하지만 신자유주의 사회가 지구촌에 보편화하면서 사회구성원들은 경제적 민주주의의 중요성을 서서히 깨달아가고 있습니다. 아무리 신문과 방송이 그 깨달음을 방해한다고 해도 모든 사람의 눈을 가릴 수는 없기 때문이지요.

주권자인 사회구성원들이 단순히 몇 년에 한 번꼴의 투표만으로 민주주의 사회를 이뤘다는 착각에서 벗어날 때, 민주주의 사회가 커온 과정을 구성원들이 정확히 인식할 때, 자본 독재 사회는 경제적·사회적 민주화로 새로운 전환점을 맞을 수 있습니다.

프란치스코 교황은 2013년 11월 26일 자신이 직접 저술한 「교황 권고(Apostolic Exhortation)」를 발표하면서 세계 정치 지도자들이 경제적 불평등을 없애기 위해 노력해야 한다고 촉구했습니다. 권고의 상당 부분을 자본주의의 탐욕과 이 때문에 확대되고 있는 경제적 불평등을 비판하는 데 할애했지요.

교황은 "살인하지 말라."라는 십계명을 현시대에 맞게 고쳐 말하면 "경제적 살인(경제적으로 누군가를 배제하거나 소외시키는 것)을 하지 말라."가 된다고 역설했습니다. "어떻게 주가지수가 2포인트 하락하는 것은 뉴스가 되는데, 홈리스 노인이 거리에서 죽어가는 것은 뉴스거리도 되지 않을 수 있단 말인가?"라고 날카롭게 반문합니다.

교황은 "많은 사람들이 자기 자신을 쓰고 버려지는 '소비재'라 여기고 있지만, 심지어 이제는 쓰이지도 않은 채 그냥 '찌꺼기'처럼 버려지고 있다."라고 지적합니다. 아울러 정치 지도자들과 가톨릭 사제들이 사회의 부조리와 불평등을 바로잡기 위해 행동에 나서야 한다고 강조합니다. "정치 지도자들이 '가난한 자와 부를 나누지 않는 것은 그들이 마땅히 가져야 할 것을 도둑질하는 것'이란 옛 성인들의 말을 되새기길 바란다."라고 권고합니다.

교황은 또 "경제 권력을 휘두르는 사람들은 아직도 부유층의 투자·소비 증가가 저소득층의 소득 증대로까지 확대될 것이라는 '낙수 효과'를 말하고 있지만, 이는 잔인하고 순진한 믿음"이라며 "가난한 사람들은 (그 낙수가 내려오지 않을지도 모르는데) 언제까지나 기다리고만 있다."라고 말합니다. 그는 "이런 상황에서 통제받지 않는 자본이 '새로운 독재자'로 잉태되고 있다."라면서 "이 독재자는 무자비하게 자신의 법칙만을 따를 것을 강요하며, 윤리와 심지어 인간마저도 비생산적인 것으로 취급한다."라고 비판합니다.

프란치스코 교황은 2014년 한국에 왔습니다. 세월호 유가족들을 위로하기도 했지요. 가톨릭 신자들만이 아니라 많은 사람들이 교황을 반겼습니다. 하지만 교황이 '새로운 독재'를 이야기한 사실은 묻혔습니다. 신문과 방송이 중요하게 보도하지 않았기 때문입니다.

이자로 살아가는 사람을 '안락사'시켜라?

금융 자유화를 앞장서서 역설해온 대표적 교수가 미국 하버드 경영대학원의 마이클 젠센(Michael C. Jensen)입니다. 젠센은 1980년대 금융 자유화가 1930년대의 뉴딜의 잘못을 바로잡는 역사적 전환점이라고 주장합니다. 1980년대부터 상품생산이나 교역을 통하지 않고 금융을 통해 이윤이 창출되는 경제의 금융화(financialization)가 급속도로 퍼져갔지요. 세계 여러 나라의 국내총생산 대비 금융자산소득 비중도 1980년대 들어서면서 크게 늘어났습니다.

젠센이 무너트리고 싶었던 케인스(John Maynard Keynes, 1883~1946)는 대공황의 파국으로부터 세계 자본주의를 구한 경제학자라는 평가를 받아왔습니다. 케인스 이후를 '수정자본주의'라고 부르는 이유입니다. 그러니까 신자유주의자들은 케인스가 수정한 자본주의를 다시 원점으로 돌려놓으려는 사람들이라고 할 수 있지요.

젠센과 정반대로 케인스는 금융소득을 신랄하게 비판했습니다. 금융시장은 흔들리기 쉽기 때문에 반드시 국가 규제가 필요하다고 강조합니다. 케인스는 20세기 초반의 금융자본주의가 투기 거품과 금융 불안정을 양산하면서 대공황을 불러온 교훈을 결코 잊지 않았습니다. 케인스는 이곳저곳으로 옮겨 다니며 단기적 고수익을 추구하는 금융자본의 속성은 장기 투자나 생산 활동의 부진을 불러온다고 우려합니다. 금리로 돈을 버는 사람들을 케인스는 지주계급과 다름없다고 보았습니다. 금리생활자들의 '안락사'가 필요하다는 과감한 주장까지 서슴지 않은 이유이지요.

신자유주의의 세계적 확산으로 젠센은 자신이 케인스를 이겼다고 자부했을 수도 있습니다. 하지만 판단은 이릅니다. 많은 사람들이 우려했던 세계 경제의 위기가 표면화했기 때문입니다. 정보기술혁명에 바탕을 둔 인터넷 연결망으로 금융의 세계화와 자유화를 주장하며 엄청난 돈을 축적했던 사람들은 2008년 9월 미국의 금융위기 앞에 겸손해야 합니다. 그 여파로 세계 경제가 장기 침체 국면으로 접어들면서 수출의존도가 높은 한국 사회도 고통을 겪고 있으니까요. 무엇보다 대학교를 졸업하고도 취업이 잘 되지 않습니다. 2015년 ○○대학교 졸업식장에 나붙은 "○○대 나오면 모하냐? 백순데!"라는 펼침막은 한국 사회를 살고 있는 젊은 세대의 고통을 상징적으로 보여주었습니다.

6장
한국 사회는 어떻게 커왔을까?

사회가 성장해 온 과정을 인류의 세계사적 지평에서 짚어보면서 우리는 시민혁명이 큰 전환점이 된 사실을 확인했습니다. 개인의 성장 과정에 비유하자면 사회의 장구한 역사와 미래를 전망할 때, 시민혁명은 15세 안팎으로 볼 수 있습니다. 모든 사회구성원이 자유롭고 평등하고 우애 있게 살아가는 사회를 만들어보자는 다짐으로 신분제 사회에 마침표를 찍었으니까요. 물론 개인이 그렇듯이 성장통을 겪고 성숙해야 할 과제가 남아 있겠지요.

신분제 사회의 벽을 넘지 못한 공론

그렇다면 우리가 살고 있는 한국 사회에서 시민혁명은 언제 일어났을까요? 15세기 조선 사회는 세계에서 가장 선진적인 중세 체제를 이루고 있었습니다. 브루스 커밍스가 분석했듯이 "하나의 국가로서, 하나의 문화로서, 조선은 신대륙을 아직 발견하지 못한 유럽보다 훨씬 앞서" 있었습니다. 봉건국가로 조각조각 갈라져 있던 유럽과 달리 조선 왕조는 일찌감치 강력한 중앙집권 체제를 형성했지요. 농업을 중시하면서 상업과 수공업을 경시하거나 통제했습니다. 유학자이자 관료인 지배세력은 주자학 사상에 기초해서 '모범적인 농업 관료제'를 운영했습니다. 선비(학자) – 농민 – 공인 – 상인, 곧 사농공상(士農工商)이라는 유교식 서열 체제가 확고했지요. 특히 상인은 천민과 다름없는 대우를 받았습니다.

조선은 동아시아 국가들 가운데서도 상업적 성격이 가장 적은 나라였습니다. 유럽 사회에서 상업 정보를 교환할 목적으로 처음 등장한 신문이 조선 사회에선 만들어지기 어려웠지요. 그에 따라 근대 정치의식을 폭넓게 키워갈 수 없었습니다.

역사의 역설이지만 조선 사회와 비교해 유럽 사회가 상대적으로 후진적이었기에 근대 사회를 열어갈 수 있었습니다. 15세기까지도 유럽은 강력한 중앙집권 체제를 이루지 못했는데, 바로 그렇기에 정치적 의사 표현이 상대적으로 자유로웠습니다. 중앙집권 체제가 허술했기에 상공인들이 힘을 모아 세력화해갈 수 있었지요. 상공인들이 늘어나고 그들의 경제력이 커져가면서 농업 중심의 사회가 상공업이 중심이 되는 자본주의 사회로 빠르게 변해갔습니다. 상공인들이 상품을 자유롭게 유통하면서 그에 따라 자유주의와 개인주의 사상도 퍼져갔고, 왕족이나 귀족의 특권을 인정하지 않고 모든 사람은 평등하다는 민주주의 사상도 점점 힘을 얻어갔습니다. 시민혁명이 성공한 이유이지요.

조선 사회는 상공인들을 사상과 실생활 모두에서 억압했지만 15세기까지 선진 사회를 운영하고 있었던 만큼 일찍부터 정치적 공론을 중시했습니다. 장군인 이성계와 더불어 조선 왕조 창립에 큰 기여를 한 유학자 정도전은 공론을 '천하 국가의 원기(元氣)'로 규정하고, 신하가 왕에게 자기주장을 펴는 언로(言路)와 간쟁(諫諍)을 보장하는 제도까지 마련했습니다.

하지만 그들이 말하는 공론, 언로와 간쟁은 신분제 사회의 벽을 넘어서지 못했습니다. 조선의 양반계급이 백성을 위한다며 내세운 '민본 정치' 또한 신분제도의 틀에 갇혀 있었지요. 조선 왕조의 대표적인 '개혁 선비'로 평가받는 조광조와 이율곡이 각각 공론을 중시했다고 평가받지만, 양반으로서 그들 또한 한계는 또렷했습니다. "공론이 조정에 있어야 나라가 다스려진다."라는 율곡 이이의 말에서 드러나듯이, 민주주의와는 거리가 있었습니다. 게다가 양반계급이 독점하고 있던 조정—오늘날의 입법·행정·사법부의 통칭—또한 여러 당파의 당리당략으로 갈라져 있었지요.

조선 신분제 질서의 위기

16세기 말과 17세기 초에 걸쳐 임진왜란과 병자호란을 겪으면서 조선 사회의 중세 신분제 질서가 흔들리기 시작합니다. 두 전쟁을 치르면서 백성들은 왕과 양반계급의 '권위'를 더는 받아들이지 않았고, 농업 생산력이 발달하고 상업과 수공업도 활성화하면서 새로운 사회를 꿈꾸는 움직임이 나타나기 시작했지요.

우리는 그 움직임을 임진왜란을 겪은 허균이 쓴 한글 소설 『홍길동전』과 『춘향전』에서 확인할 수 있습니다. 조선의 명문 양반가의 자제 허균이 쓴 『홍길동전』에서 양반인 아버지와 노비인 어머니 사이에서 태어난 주인공 홍길동은 자신의 능력으로 왕의 권위를 압도하고 백성의 신망을 받지요. 중세 신분제 질서의 한계를 뛰어넘는 소설을 쓴 허균은 결국 왕과 양반계급으로부터 "역모를 꾀했다."라는 이유로 낙인찍혀 능지처참이라는 끔찍한 형벌로 목숨을 잃습니다.

구전되어오다가 18세기 조선 사회구성원들에게 널리 퍼진 『춘향전』에도 중세 질서를 통렬하게 고발하는 대목이 나옵니다.

金樽美酒千人血(금준미주천인혈)

금 술잔에 부은 향기로운 술은 천 백성의 피요,

玉盤佳肴萬姓膏(옥반가효만성고)

옥쟁반의 좋은 안주는 만백성의 기름이다.

燭淚落時民淚落(촉루락시민루락)

잔칫상의 촛불 떨어질 때 백성 눈물 떨어지고,

歌聲高處怨聲高(가성고처원성고)

노랫소리 높은 곳에 원망 소리 높다.

이몽룡이 양반들의 잔칫상에서 쓴 시입니다. 그 시가 그 시대 민중이 많이 모인 장터 같은 곳에서 판소리로 공연되었을 때, 듣는 사람들 가슴은 얼마나 시원했을까요? 그래서일까요?『춘향전』은 누가 썼는지 알려지지 않았습니다. 만약 작가가 드러났다면 어떻게 되었을까요? 허균과 같은 운명을 피할 수 없었을 가능성이 높습니다. 실존 인물들을 밑절미로 민중들이 사랑 이야기를 전개했고 시간이 흐르면서 진화해갔다고 본다면,『춘향전』은 민중이 집단으로 창작한 소설이라고 볼 수 있습니다.

같은 시기 실학자 박지원은『양반전』에서 '양반'의 족보가 매매되는 현실을 담아내며 "한갓 문벌을 재물로 하여 조상의 덕만 팔아먹는" 계급을 통렬하게 비판했습니다.

18세기 조선 사회에서 눈여겨볼 사실은 상품화폐 경제의 발달과 함께 문학 작품들을 출판해 판매하는 사람들이 늘어났다는 점입니다. 여기서 풍자와 해학으로 사회 현실을 비판하는 데 적극 참여한 개개인들을 떠올려보기 바랍니다. 그들의 꿈은 무엇이었을까요?

조선 사회에서 19세기를 '민란의 세기'라고 평할 만큼 민중 봉기가 곳곳에서 일어난 이유도 그 시대를 살아간 사회구성원들의 비판의식이 높아져서입니다. 실제로 1811년에는 평안도에서 홍경래의 봉기가, 1862년에는 충청·영남·호남의 70여 개 군에서 민중 봉기가, 1894년에는 갑오농민전쟁이 일어났습니다.

『홍길동전』과 『춘향전』을 읽은 개개인의 꿈과 민란에 목숨을 걸고 참여한 개개인의 꿈은 같지 않았을까요? 19세기 내내 조선 사회에서는 신분제도를 넘어 새로운 사회를 꿈꾸는 사람들의 봉기가 끊임없이 이어졌습니다. 특히 갑오농민전쟁에서 녹두장군으로 불린 전봉준이 이끈 농민군은 조선 왕조의 관군과 정면으로 맞서 싸워 이겼습니다.

외세를 끌어들인 조선의 지배세력

사회구성원들이 일으킨 봉기를 막아낼 힘이 없다고 판단한 조선 왕조의 왕과 왕비는 다급하게 외세에 도움을 요청합니다. 청나라에 '원군'을 요청하는 데 앞장선 왕비가 바로 명성황후이지요. 청나라 군대가 농민군을 진압하러 들어오자 일본군도 들어옵니다.

명분은 텐진조약이었는데, 그 또한 1884년 조선의 개화파 유학자들이 일본의 원조를 받아 일으킨 갑신정변 때문에 맺어진 조약입니다. 일본이 적극 지원한 갑신정변이 청나라 군대의 개입으로 실패하자, 일본은 2개 대대의 병력을 조선에 파견하면서 청나라와 협상에 나서지요. 그 결과가 텐진조약입니다. 1885년 4월에 체결된 텐진조약은 ① 청일 양군은 4개월 이내에 조선에서 철병할 것, ② 조선 국왕에게 권해 조선의 자위군을 양성하도록 하되, 훈련교관은 청일 양 당사국 이외의 나라에서 초빙하도록 할 것, ③ 조선에서 이후 변란 이나 중요 사건이 발생하여 청일 두 나라 또는 어느 한 나라가 파병 할 때는 먼저 문서로 연락하고, 사태가 진정되면 다시 철병할 것이 그 내용입니다.

결국 조선 사회에서 자주적으로 신분제 사회를 넘어서려는 '시민 혁명 움직임'은 권력을 상실할 위기에 몰린 지배세력이 외세를 끌어 들임으로써, 또 조선을 식민지 시장으로 약탈하려고 호시탐탐 노리 고 있던 제국주의 외세가 침략해 들어옴으로써 짓밟히고 말았습니 다. 결국 농민전쟁에 나선 전봉준과 농민군의 죽창은 일본 제국주의 자들의 총 앞에 무너지고 말았습니다.

아래로부터 올라오는 새로운 사회의 움직임에 맞서 특권을 지키 려고 외세를 끌어들여 민중을 대량 학살한 기득권 세력은 '대한제 국'을 선포하지만, 이윽고 일본 제국주의에 투항합니다. 조선 사회 는 식민지가 되었고 대다수 사회구성원들은 '식민지 원주민'으로 차 별받고 억압받았지만, 기득권 세력은 일제에 '협조'한 '공로'로 호의 호식했지요. 조선 왕조의 왕족은 일본제국의 공작이 되었고, 고위직 양반계급은 일본의 후작·백작·자작·남작이 되어 평생을 안락하게 살았습니다. 그들은 아래로부터 올라오는 민중의 독립운동을 외면 하거나 심지어 적대시했지요.

식민지 사회에서의 독립운동

하지만 식민지 사회에서도 자유롭고 평등한 세상을 꿈꾸는 사람들은 나타나기 마련입니다. 오히려 억압과 차별이 노골적이기에 더 많은 사람들이 새로운 사회를 갈망하지요. 20세기에 들어와 태어난 새로운 세대가 중심이 되어 1919년 3·1운동을 일으킵니다. 그 상징인 유관순이 독립만세를 부르고 나섰을 때가 만 16세였습니다.

우리 사회의 성장 과정에서 3·1운동은 중요한 의미가 있습니다. 독립만세 운동에 참여한 수만 명의 민중이 야만적으로 학살당하거나 감옥에 갇히는 아픔을 겪으면서도 대한제국 또는 조선 왕조를 되찾자는 목소리는 나오지 않았습니다. 무능하고 이기적인 지배세력에 환멸을 느낀 민중은 더는 왕족과 양반계급에 환상이 남아있지 않았습니다. 제국이 아니라 민국(民國), 왕의 나라가 아니라 민중의 나라를 세우자는 게 1919년 3·1운동의 역사적 의미입니다. 그것은 우리 사회가 한 단계 더 커가는 전환점이었습니다.

폭압만으로 조선인들을 포섭할 수 없다고 판단한 일본 제국주의는 이른바 '문화정치'로 식민지 정책을 바꿉니다. 그 정책은 성공하지요. 한때 독립운동에 동참했던 사람들이 일제의 품으로 줄줄이 들어갑니다. 작가이자 언론인이었던 이광수는 "조선 사람 이마를 바늘로 찌르면 일본인의 피가 나와야 한다."라고 부르댈 정도로 타락했고, 〈조선일보〉와 〈동아일보〉는 조선의 청년들에게 "황군(일본군)에 자원입대하라."라고 부추겼지요. 자원입대해 '가미가제(자살

특공대)'로 조선 청년이 죽자 시인 서정주는 신문에 찬양시를 발표했습니다. 그들의 '문화'적 영향으로 식민지 조선의 숱한 개개인이 일본군 장교로, 헌병으로, 판검사로 매국매족의 길을 앞장서서 걸어갔습니다. 식민지 사회에서 모든 개개인이 그 길을 걸은 것은 물론 아닙니다. 나라 안팎에서 독립운동에 나선 사람들이 끊임없이 이어졌으니까요.

하지만 우리 힘으로 해방을 이루지는 못했습니다. 더 많은 조선인들이 독립운동에 나서지 않아서이죠. 그 결과 제2차 세계대전에서 일본군을 무찌른 미군과 소련군이 38도선을 경계로 남과 북에 들어왔습니다. 이어 1948년 미국 사회를 모델로 한 대한민국과 소련 사회를 모델로 한 조선민주주의인민공화국이 세워졌지요. 두 국가의 지도자는 각각 미국과 소련이 지지한 이승만과 김일성이었습니다.

1,000년 넘게 한 사회를 구성하고 있던 사람들이 두 나라로 갈라졌을 뿐만 아니라 3년에 걸친 전쟁까지 겪었지요. 남과 북, 두 사회 모두 시민혁명을 온전히 경험하지 못했기에 '성숙한 사회'를 이루지는 못했습니다. 바로 그렇기에 더 좋은 사회를 이루려는 사람들의 열정과 헌신이 이어졌지요.

4월 혁명

지금 우리가 살고 있는 분단된 남쪽 사회, 한국 사회를 짚어볼까요.

한국 전쟁이 끝난 뒤 이승만은 독재정치로 일관했고, 심지어 깡패들이 정치권력과 손잡고 공공연히 설쳐댔습니다. 이승만 정부가 1960년 3월 대통령 선거까지 노골적인 부정선거로 치르자 가장 먼저 10대들이 일어서기 시작했지요.

대구와 마산 등에서 10대들이 불 지른 항의 시위가 퍼져가고 시민들이 가세하자 이승만은 "공산주의자들에 의하여 고무되고 조종된 것"이라는 담화를 발표합니다. 이승만이 '젊은 청년들을 폭동으로 유도·선동하는 정치적 야심가와 공산주의자들의 선전활동'으로 경고하고 나서자 학생들은 더욱 분노했습니다.

마침내 4월 19일 3만여 명의 대학생과 고등학생들이 거리로 쏟아져 나왔고, 노동자들도 가세해 수천 명이 청와대(당시 경무대)로 행진했습니다. 그러자 경찰이 발포하면서 서울 거리가 피로 물들었지요. 120여 명이 죽고, 1,000여 명이 부상당했습니다. 경찰이 시위대에 발포한 직후, 전국 주요 도시에 계엄령이 선포되었습니다. 하지만 다음날부터 시위에 사회구성원들이 대거 참여하면서 '대통령 재선거' 요구에서 더 나아가 '이승만 즉각 사퇴'를 부르짖습니다. 미국이 더는 지지할 수 없다고 통보하자 이승만은 4월 26일 하야를 밝힙니다.

4월 혁명은 우리 사회에서 민중운동으로 권력을 바꾼 역사적 첫 사례입니다. 하지만 혁명을 지도할 조직도 지도자도 갖추지 못했지요. 그 결과로 대통령 이승만은 물러갔지만, 기존 정치세력인 민주당이 정권을 잡았습니다.

민주당 정부가 들어선 뒤 1961년 5월 16일에 군사 쿠데타가 일어
납니다. 외부의 적을 막는 국방에 최선을 다해야 할 군인들이 거꾸
로 국민이 투표로 뽑은 최고 지도자에게 총구를 겨누는 쿠데타는 반
국가범죄입니다.

유신정권 반대 투쟁

1961년 5월 16일 새벽, 육군 소장 박정희의 주도로 장교 250여 명
과 사병 3,500여 명이 한강을 건너 한국방송(KBS)을 비롯한 서울의
주요 기관을 점령했습니다. '반공'을 내세운 이들은 '군사혁명위원
회'를 조직하여 입법권·사법권·행정권의 3권을 통합·장악한다고
선언했지요. 이승만 망명 뒤 국민투표로 선출한 민주당 정부를 총칼
로 무너뜨린 폭거였습니다.

쿠데타 세력은 이른바 '군사혁명위원회'를 '국가재건최고회의'로
개칭하고 3년간의 군정 통치에 착수했습니다. 쿠데타의 밑그림을
짠 김종필은 핵심적인 권력기구로 중앙정보부(현 국가정보원)를 창설
하고, 이를 근간으로 민주공화당을 조직했지요. 박정희가 군복을 벗
고 민주공화당의 후보로 대통령 선거에 나서 당선됩니다.

당시 소련과 냉전 체제를 형성하고 있던 미국은 동아시아 전략에
따라 한국의 경제 성장을 적극 지원했습니다. 그런데 한국 사회가
경제적으로 성장하면서 군사정권의 의도와 달리 사회구성원들의 정

치의식, 민주주의에 대한 요구도 점차 높아갔습니다. 박정희가 장기 집권을 위해 헌법이 금지한 대통령 3선이 가능하도록 헌법을 바꾸면서 본격적으로 민주화 운동이 벌어지기 시작하지요.

박정희는 '3선 개헌'으로 대통령에 당선된 뒤 아예 대통령 간선제인 '유신헌법'을 만들면서 영구 집권의 발판을 마련했습니다. 사회 곳곳에서 이에 반대하는 사람들의 운동이 이어지자 박정희는 8명의 민주인사를 전격 체포합니다. 그리고 '북괴와 연결되어 있다.'라며 대법원이 1975년 사형 판결을 내리고, 바로 다음날 이들을 처형했습니다. 소위 '제2차 인혁당 사건'입니다. 이들 8명은 2007년 재심에서 모두 무죄 판결을 받았지만, 이미 사형당한 지 30년도 더 흘러서였지요.

아무튼 이런 잔인무도한 '공포 정치'를 편 박정희는 1978년 간접선거로 대통령에 다시 당선되었습니다. 하지만 이듬해 예기치 못한 '부마사태'가 일어나지요.

1979년 10월 16일 부산대학교 학생 5,000여 명이 일어섰습니다. "유신정권 물러가라.", "정치탄압 중단하라."라는 구호를 외치며 교내에서 반정부 시위를 벌이다가 저녁에 부산 중심가로 진출했지요. 이들은 애국가를 부르며 격렬한 시위를 벌였습니다. 10월 17일 저녁부터 학생들의 시위에 시민들이 합세하면서 도심 파출소와 왜곡보도를 한 KBS, 부산세무소를 파괴하고 경찰 차량도 불에 태웠습니다. 박정희는 10월 18일 0시를 기해 부산에 비상계엄령을 선포하고 계엄군을 투입해 1,058명을 연행하는 한편, 66명을 군사재판에 회부했습니다.

하지만 시위의 불길은 마산으로 옮겨갔습니다. 마산대학교와 경남대학교 학생들이 민주공화당사·파출소·방송국을 타격하고, 다음 날에는 마산수출자유지역의 노동자들과 10대 고등학생들까지 가세했습니다. 박정희는 마산과 창원에 위수령을 발동하여 505명을 연행하고, 59명을 군사재판에 회부하며 강경하게 대응했지요.

'부마사태' 그러니까 부산과 마산의 민주화 운동을 두고 박정희 정권 내부에서 중앙정보부장 김재규와 대통령 경호실장 차지철이 갈등을 빚습니다. 박정희가 차지철의 강경노선을 채택하자 김재규는 10월 26일 청와대 옆에 있는 중앙정보부 안가에서 박정희와 차지철을 권총으로 살해했습니다.

5월 항쟁과 6월 민주 대항쟁

하지만 한국 사회를 18년 넘도록 지배한 군부독재 체제는 쉽게 무너지지 않았지요. 박정희의 총애를 받아온 육군 소장 전두환은 국군보안사령관으로서 김재규의 암살을 수사하던 중에 1979년 12월 12일 최규하 대통령의 재가 없이 당시 계엄사령관인 정승화 육군참모총장을 불법적으로 강제 연행합니다. 군 조직에서 있을 수 없는 하극상이었지요. 전두환과 노태우를 비롯한 군부 내 사조직은 군권을 장악하고 기회를 보던 중에 1980년 5월 17일 비상계엄을 전국으로 확대하며 국가 권력을 탈취하고 나섭니다. 한국 사회에서 두 번째 군사 쿠데타였지요. 군인들이 갑자기 총을 들고 나와 대통령을 하겠다고 나서는 반국가범죄는 마지막이 되어야 마땅합니다.

두 번째 쿠데타는 첫 번째 쿠데타와 달랐습니다. 사회구성원들이 쿠데타를 받아들이지 않았지요. 광주와 전남에서 일어난 5·18 민주화 운동, 곧 5월 항쟁이 그것입니다.

1980년 5월 18일, 한국 사회의 모든 대학에서 그랬듯이 비상계엄군은 광주의 각 대학을 장악하고 학생들의 등교를 가로막았습니다. 전남대 학생들이 항의하자 계엄군은 끝까지 쫓아와 잔혹하게 폭력을 휘둘렀습니다. 쫓기던 학생들은 광주의 중심가인 금남로에서 시위를 벌였지요. 이튿날, 계엄군의 야만적 폭력 행위가 퍼져가면서 분노한 시민들이 금남로에 모여들었습니다. 시민들의 시위가 커져가자 계엄군은 발포로 학살극을 저지릅니다.

맨손인 시위대는 학살하는 계엄군의 총구에 맞서 나주, 화순의 예비군 무기고를 습격해 총을 꺼내들고 무장항쟁에 나섰습니다. 결국 스스로 무장한 시민들이 총격전 끝에 광주시내에서 계엄군을 몰아냈지요. 당시 신문과 방송들은 광주가 '무법천지'가 되었다고 대대적으로 보도했지만, 계엄군이 물러간 광주는 평화를 되찾고 시민들 사이에 우애가 넘치는 공동체를 이루었습니다. 본디 정치권력 장악이 목적이던 전두환 일당은 1980년 5월 27일 탱크를 앞세운 대규모 병력을 투입해 다시 시내로 들어와 마지막까지 저항하는 시민군을 학살했습니다.

5월 항쟁은 막을 내렸지만, 항쟁과 학살의 진실이 알려지기 시작하면서 1980년대 내내 학생운동이 전두환 정권과 맞서 싸우는 힘이 됩니다. 끊임없이 일어난 민주화 운동은 마침내 1987년 6월 민주 대항쟁으로 열매를 맺습니다.

대학생 박종철을 체포해 고문을 하다가 죽여 놓고 그 사실을 은폐·조작한 정권에 맞서 6월 10일 '박종철 고문살인 은폐조작 규탄 및 민주헌법 쟁취 범국민대회'가 열린 뒤 6월 29일까지 전국 곳곳에서 총 인원 500만여 명이 참여해 민주헌법 쟁취와 독재정권 타도를 외치며 시위를 벌였지요. 대학생 이한열이 최루탄에 맞아 숨지면서 한국 사회구성원들의 분노는 전국에 가득했습니다.

사회구성원 대다수가 시위에 참여하자 전두환의 후계자 노태우가 '6·29 선언'을 발표하면서 상황은 일단락됩니다. '전격 발표'의 모양새를 갖춘 6·29 선언에서 노태우는 대통령 직선제 수용, 대통령 선거법 개정, 김대중의 사면복권 및 시국사범의 석방, 국민기본권 신장, 언론 자유 창달, 지방자치제의 실시와 대학의 자율화, 정당의 자유로운 활동 보장을 약속했습니다. 마치 노태우가 전두환과 전혀 상의 없이 결심한 듯 발표됐지만, 실제로는 전두환과 치밀한 협의 아래 노태우를 띄우며 군부가 계속 정권을 잡으려는 계획이었습니다.

노동자 대투쟁과 경제 민주화 운동

노태우가 6·29 선언을 발표하고 대통령 직선제 개헌이 진행되면서 개헌운동은 막을 내렸지만, 7월부터 노동자들이 민주노동조합 건설, 노동조건 개선을 요구하며 민주화 운동을 이어갔습니다.

당시 최대 대기업인 현대그룹에서 시작한 7·8·9월 노동자 대투쟁은 7월 5일 울산의 현대엔진노동조합 결성에 이어 영남권으로 확대되었습니다. 정부는 마산과 창원, 부산과 거제로 확산되는 노동운동을 특정 지역 안에 가두려 했지만, 곧바로 수도권·경인지역의 중소기업과 전국으로 퍼져갔습니다.

7·8·9월 노동자 대투쟁에서 노동자들은 8시간 노동, 노동악법 개정, 노동3권 보장, 자유로운 노조 결성 보장, 생존권 보장, 노동조건 개선을 내걸었습니다. 노동자 대투쟁이 기본적으로 '경제 민주화 운동'이었음을 알 수 있지요.

석 달 동안 발생한 노동쟁의는 모두 3,337건으로 하루 평균 30건의 쟁의가 일어났지요. 특히 8월에만 2,552건, 하루 평균 83건의 쟁의가 발생했고, 8월 중순에는 하루 평균 300여 개 사업장에서 파업·농성 투쟁이 벌어졌습니다. 참여한 노동자는 122만 명으로 당시 10인 이상 사업체 노동자 333만 명의 37%에 이르렀지요. 그 결과 노동조합 수도 급증했습니다. 노동자 대투쟁을 거치면서 노동조합 수는 6월 말 2,742개에서 12월 말 4,103개로 늘어났지요. 조합원 수도 105만 명에서 127만 명으로 20여만 명이 늘었습니다.

노동자 대투쟁은 한국전쟁 이후 내내 억압받아왔던 노동자들의 '인간 선언'이었고 1970년 분신자살한 전태일 열사의 '대중적 부활'이었다는 평가를 받고 있습니다. 비록 정권의 대대적인 탄압으로 주춤했지만 그 이후 제조업만이 아니라 언론, 병원, 사무금융, 교사, 대학, 연구소로 확대되면서 한국 사회에 노동조합운동이 보편화하는 전환점이 되었지요.

하지만 1987년 12월 대통령 선거에서 김영삼-김대중의 분열로 노태우가 당선되고, 이어 1992년 대통령 선거에서는 노태우와 손잡은 김영삼이 당선됐습니다.

김영삼은 자신의 치적을 위해 서둘러 경제협력개발기구(OECD)에 가입하고, 금융을 전면 개방했다가 '국가부도 위기'를 맞으면서 임기 말인 1997년 12월에 국제통화기금(IMF)으로부터 '구제금융'을 받았지요. IMF는 구제금융을 주는 대가로 한국 사회를 신자유주의로 개편합니다.

2010년대 한국 사회는 신자유주의 사회, 돈이 독재하는 사회가 되어 지구촌과 호흡을 같이 하고 있습니다.

사회 성숙의 걸림돌 '외세 개입'

개인의 성숙이 스스로의 판단과 선택으로 이뤄지듯이 사회도 구성원들의 자주적 판단과 선택으로 성숙해가야 합니다. 물론 다른 사회와의 소통은 필요하지요. 개인도 다른 개인과 소통하며 성숙해가니까요. 하지만 소통이 아닌 강제는 개인이든 사회든 성숙 과정을 뒤틀리게 합니다.

조선 왕조가 1910년 일본 제국주의의 식민지로 전락하는 과정에서 눈여겨볼 대목은 권력을 쥔 왕과 왕비가 외세를 불러들이는 데 전혀 망설임이 없었다는 사실입니다. '개항' 직후였지요. 일본군 장교를 초빙해 만든 '신식 군대'에 견주어 차별대우를 받고 있던 일반 군인들이 한양(서울)에 살고 있던 빈민들과 더불어 임오군란(1882)을 일으켰습니다. 왕비인 민비의 일족이 권력을 전횡하는 현실에 쌓여가던 분노가 표출되면서 병조판서 민겸호가 살해당하고, 민비도 가까스로 궁궐을 빠져나와 충주까지 도망갔습니다. 그 결과로 고종의 아버지인 대원군이 다시 권력을 잡고 민심 수습에 나섰습니다.

하지만 피신한 왕비는 고종에게 연락해 청에 원병을 요청하도록 했지요. 청은 조선에 대한 영향력을 강화할 수 있는 기회라고 판단해 군대를 한양으로 급파했습니다. 이어 대원군을 군영으로 유인한 뒤 전격 납치해서 곧바로 배에 태워 청나라로 호송했지요.

권력을 되찾기 위해 외국군을 끌어들이고, 그 군대가 한 나라의 실권자인 대원군을 납치해가도록 한 고종과 민비의 행태는 조선 사회의 앞날에 시커먼 먹장구름을 드리웁니다.

정권을 되찾은 고종과 민비가 민심을 외면하고 외척 세도정치를 다시 펴나가자, 2년 뒤인 1884년 개화파들은 일본의 원조를 받아 다시 갑신정변을 일으킵니다. 하지만 다시 청군의 출동으로 좌절되었지요. 개화파들 또한 외세 일본을 끌어들였다는 점에서 한계가 또렷했습니다.

10년 뒤, 민비는 동학농민군을 진압하기 위해 다시 외세를 끌어들입니다. 농민군은 최신 무기로 무장한 일본군에 학살당했지요. 아래로부터 올라온 농민봉기를 외세까지 끌어들여 진압하고 권력을 유지했지만, 친청 노선을 걷던 민비는 이듬해 일본인의 손에 의해 궁중에서 시해당합니다. 그 뒤 조선 사회는 끝내 식민지로 전락하지요. 한국 사회에서 자주성이 주요 과제가 된 역사적 근원이 여기에 있습니다.

동학농민혁명은 어떤 혁명인가요?

동학농민혁명은 갑오농민전쟁, 동학혁명운동, 동학농민전쟁으로도 불립니다. 1894년 1월 곡창지대인 호남의 고부가 동학농민혁명의 첫 무대였습니다. 당시 군수 조병갑은 농민들을 동원해 만든 저수지의 물값을 높게 받는 것을 비롯해 온갖 명분으로 세금을 거둬 농민을 착취하고 있었지요. 하소연하는 농민들을 군수가 매로 다스리자 더는 참을 수 없었던 농민들은 관아를 습격하고 조병갑은 도망갔습니다. 농민들은 조병갑이 수탈한 곡식을 농민들에게 나누어주었지요.

정부는 '수습책'으로 새 군수를 임명하여 유화책을 쓰면서도 '안핵사'를 파견해 조사한 뒤 대대적 처벌에 나섰습니다. 정부의 탄압에 분노한 전봉준은 탐관오리 숙청과 보국안민을 위해 모두 일어서자는 '창의문'을 발표합니다. 전봉준은 농민들에게 왕궁까지 진격해 부패한 지배세력을 타도하고 외래 침략자들도 내쫓자고 호소했지요. 농민군은 관군과 맞서 이기고 전주성을 함락해 호남 일대를 평정했습니다.

전주성 함락에 놀란 민비와 고종이 외세를 끌어들이자 전봉준은 고심합니다. 그는 외세를 내보내려고 정부에 '폐정개혁안'을 제시하며, 이를 받아들이면 농민군을 해산하겠다고 밝혔지요. 그 결과 5월에 정부군과 농민군은 화약을 체결했습니다. 농민군은 호남 전역을 사실상 통치했지요. 투쟁을 통해 민중 자치를 실현했다는 역사적 의미가 있습니다.

그러나 조선에 들어온 외세는 물어가지 않았습니다. 일본군은 1894년 6월 21일 무력으로 왕궁을 점령하고 청일전쟁을 도발했지요. 전쟁에서 승리한 일본은 조선의 내정에 적극 개입하고 농민군 토벌에 나섰습니다. 일본군과 농민군은 충청도 공주 외곽의 우금티에서 만났습니다. 일본군의 견줄 수 없을 만큼 월등한 무기가 승패를 갈랐지요. 이후 농민군은 황해도·경상도에서도 산발적으로 투쟁을 벌였지만, 패배했습니다.

동학농민혁명은 조선 후기에 끊임없이 일어났던 농민들의 저항을 통해 각성한 민중이 동학의 사상·조직과 결합해 신분제와 토지제도를 개혁하고 자본주의 열강에 반대한 혁명운동이었습니다. 비록 당장은 뜻을 이루진 못했지만, 외세를 몰아내고 민중의 세상을 꿈꾼 모든 사람들에게 '깃발'이 되었지요. 녹두장군 전봉준이 높이 들었던 그 깃발 아래 식민지 시대에도, 분단 시대에도 민중들의 싸움은 끊임없이 이어졌습니다.

민중은 좌파 개념이 아닌가요?

민중은 한 사회의 구성원으로서 권력을 지니고 있지 않은 절대다수를 뜻합니다. 그런데 이 민중이란 말을 '좌파 개념'이라거나 '불온한 개념'으로 생각하는 개인들이 적지 않습니다. 그래서 그 말을 쓰기 꺼려하거나, 마치 낡은 시대의 언어로 여기는 사람들이 많지요.

하지만 민중은 미국 대통령 에이브러햄 링컨이 게티즈버그 연설에서 강조했듯이 민주주의를 정의하는 데 빠트릴 수 없는 말입니다. 링컨은 민주 정부를 'government of the people, by the people, for the people'로 정의했습니다. 미국의 수도 워싱턴에 가면 백악관과 국회의사당과 더불어 링컨기념관이 세워져 있습니다. 그 안에 게티즈버그 연설문이 새겨져 있지요. 링컨의 그 말을 한국 사회에서는 지금도 '국민의, 국민에 의한, 국민을 위한 정부'로 이해하는 사람들이 많습니다. 학교나 신문, 방송에서 그렇게 말하기 때문입니다.

하지만 '국민'이라는 번역은 옳지 못합니다. 'people'은 결코 '국민'으로 옮길 수 없는 말이기 때문입니다. 민주주의의 기초는 특정 국가의 틀에 갇힌 국민이 아니거든요. 민중(people)은 '국민'과 달리 자신들의 뜻에 따라 지금과는 다른 형태의 국가까지 꿈꿀 권리를 지니고 있기 때문입니다.

민중이란 말이 좌파나 '불온한 개념'이 아니라는 사실은 역사적 자료에서 쉽게 확인할 수 있습니다. 전봉준의 갑오농민전쟁에서 이미 '민중'이란 말이 나오니까요. 일제와 평생에 거쳐 당당하게 싸운 역사학자 신채호도 '민중'이란 말을 자주 썼습니다.

1960년대 이후 군부독재시기에 민중운동이 본격 등장하고 부마항쟁(1979)과 광주항쟁(1980)을 지나면서 1980년대는 가히 민중운동의 시대, 또는 '민중의 시대'라 불렸습니다. 그 귀결점이 바로 1987년 6월 민주 대항쟁이지요. '민중'이라는 말이 개개인을 뭉치게 할 수 있다는 우려 때문에 한국 사회의 기득권 세력은 그 말을 불편하게 여깁니다. 그래서 '좌파' 개념으로 몰아가기 시작했지요. 그렇다면, 링컨도 '불순한 사람'일까요?

3부

사회는 앞으로 어떻게 성숙할까?

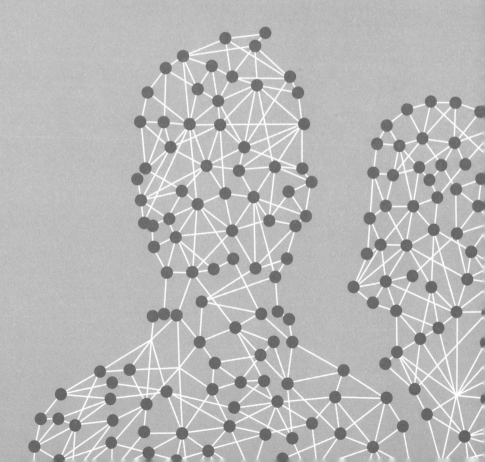

7장
어떤 정치로 사회는 성숙할까?

지금까지 사회와 나는 무관한 게 아니라는 사실에 이어 사회는 어디까지 커왔는가를 알아보았습니다. 지금부터는 성숙한 사회를 이루려면 어떻게 해야 할까를 함께 생각해보죠.

정치가 사회를 틀 지운다

흔히 사회구성원들의 의식 수준이 그 나라의 정치 수준을 결정한다고 말합니다. 일리가 있는 말이지요. 사회구성원들이 모두 주어진 현실에 순종하는 문화에 젖어있다면, 비록 왕정은 아니더라도 독재 정권이 활개를 칠 것은 분명하니까요.

하지만 사회구성원들의 의식이 정치를 결정한다는 말이 진실인 만큼, 좋은 정치가 좋은 사회구성원을 만든다는 말도 진실입니다. 정치가 어떻게 하느냐에 따라 좋은 사회가 될 수도 있고, 나쁜 사회가 될 수도 있으니까요. 그 전형적 보기가 있습니다. 바로 스웨덴 사회입니다.

지금은 지구촌 복지국가의 대명사가 되어 있지만, 불과 100년 전만 하더라도 스웨덴은 유럽에서 평균 학력이 가장 낮았고, 음주량은 가장 많은 수준이었습니다. 그런데 일하는 사람들에 기반을 둔 정당, 사회민주노동자당이 집권하면서 정치가 달라지고 사회도 좋아지면서 구성원들의 민주주의 의식 또한 사뭇 높아졌지요.

한국 사회의 구성원 다수가 선망하는 미국 사회에서도 정치가 사회를 틀 지운다는 진실을 확인할 수 있습니다. 다 알다시피 미국 사회의 폭력은 어제오늘의 문제가 아닙니다. 여러 통계가 이를 보여줍니다. 2015년 현재 미국의 인구는 전 세계 총 인구의 5%이지만, 미국 사회의 교도소에는 전 세계 총 재소자의 25%가 갇혀 있습니다. 미국의 살인율은 싱가포르보다 무려 24배나 높다는 통계도 최근 나왔지요.

그래서 미국 사회에는 폭력을 연구하는 학자들이 많습니다. 미국 하버드대학 교수로 수십 년 동안 폭력을 저지르는 심리적 메커니즘과 예방책을 연구해온 정신의학자 제임스 길리건은 어느 날 통계를 분석하던 중에 의미 있는 사실을 발견합니다. 그는 1900년부터 2007년까지 미국의 자살률과 살인율 통계를 분석하고 있었습니다.

그런데 한 세기 내내 일관되게 자살률과 살인율이 동시에 높이 올라갔다가 동시에 급격하게 떨어지는 것을 발견하지요.

왜 자살률과 살인율이 동시에 확 늘었다가 확 줄어드는 걸까? 그 문제를 풀려고 골몰하던 어느 순간, 길리건은 자살률과 살인율의 변화 주기가 대통령 권력 교체와 맞아떨어진다는 사실을 알아차렸습니다.

1900년에 10만 명당 15.6명이었던 폭력 치사(살인과 자살의 합계) 발생률은 1912년까지 공화당이 내내 집권하면서 21.9명으로 늘어났습니다. 그러나 1913년에 민주당의 우드로 윌슨이 대통령이 되고 1914년부터 1920년까지는 폭력 치사 발생률이 꾸준히 감소하여 17.4명까지 떨어졌지요. 윌슨 정권이 끝나고 1921년부터 1932년까지 12년 동안에는 다시 공화당이 집권했는데 폭력 치사 발생률이 다시 올라 1932년에는 26.5명으로 급등했습니다. 오늘날의 미국 인구 3억 명을 기준으로 계산하면 한 해에 79,500명이 살인과 자살로 죽은 셈이지요.

1933년 민주당의 프랭클린 루스벨트가 집권하면서 20년간의 민주당 집권기가 시작되었고, 폭력 치사 발생률은 다시 급속하게 내려갔습니다. 1944년에는 15명으로 공화당 집권기 마지막 해의 26.5명보다 40퍼센트 넘게 떨어졌습니다. 오늘날 인구로 환산하면 한 해에 34,500명이 적게 죽은 셈입니다. 제2차 세계대전의 영향으로 약간 상승한 것을 제외하면 1969년 공화당의 닉슨이 대통령에 당선될 때까지 폭력 치사 발생률은 20명 아래를 유지했습니다.

공화당과 민주당 집권 시기에 나타나는 차이는 그 뒤에 조지 부시 정권에 이르기까지 계속 이어집니다. 길리건은 왜 그런 차이가 나타나는 걸까를 분석했습니다. 그리고 그 결과를 2011년에 책으로 출간했지요. 한국에서는 『왜 어떤 정치인은 다른 정치인보다 해로운가』라는 제목으로 번역도 되었습니다. 연구결과에 따르면, 보수정당인 공화당 출신이 대통령이 될 때마다 온 나라가 자살과 살인이라는 '치명적 전염성 폭력'으로 고통 받았습니다.

길리건은 그 이유를 권위주의적 보수정당이 추구하는 사회·경제 정책에서 찾습니다. 사회구성원들 사이에 불평등이 깊어지면서 수치심과 모욕감에 사로잡히는 사람들이 크게 늘어나기 때문이라는 거죠. 보수정당은 사회의 위계질서를 중시하며, 타인을 무시하고 경멸하도록 부추기고, 불평등을 자연의 법칙으로 찬미합니다. 따라서 그 정당이 집권할 때 사회에는 수치심, 모욕감, 분노가 팽배하고 자살과 타살이라는 극단적 폭력이 발생할 확률이 높아지지요.

미국 민주당과 공화당도 차이가 큰데 하물며 노동운동에 기반을 둔 진보정당이 집권했거나 집권하고 있는 사회는 어떨까요? 미국은 보수 양당 체제이지만 유럽은 진보정당들이 보수정당과 정권을 주고받고 해왔거든요. 대표적으로 프랑스 사회당, 독일 사회민주당(사민당), 영국 노동당을 들 수 있지요. 스웨덴 사회민주노동자당(사민당)도 성격이 같습니다.

앞서 우리는 사회도 개인처럼 성장한다는 전제 아래 사회의 성장 과정을 세계사적 차원과 한국 사회 차원에서 톺아보았습니다. 아울러 흔히 불온한 눈초리로 보기 십상인 노동자들의 운동이 보통선거 확산과 군사적 제국주의 종식, 복지 사회 형성에 크게 기여한 사실도 확인했지요.

소련과 동유럽 체제가 무너지면서 자본주의 체제를 움직여가는 사람들은 '이제 더는 우리를 위협할 경쟁자가 없다.'라며 축배를 들었습니다. 특히 미국과 영국은 자본주의 경제 외에 다른 대안이 없다는 주장을 적극 퍼트려갔지요. 모든 것을 시장과 자본에 맡기는 신자유주의는 도도한 흐름이 되었고 결국 부익부 빈익빈, 황금만능주의 사회를 불러왔습니다.

하지만 모든 사회가 신자유주의 체제에 포섭된 것은 아닙니다. 당장 스웨덴만 보더라도 신자유주의 체제는 아니니까요. 따라서 얼마든지 다른 사회, 성숙한 사회가 가능하다는 진실부터 공유할 필요가 있습니다.

민주주의란 무엇인가?

여기서 흥미로운 사실을 짚어 볼까요. 21세기 현재 지구촌의 모든 사회, 심지어 신자유주의를 부르짖는 사회조차도 민주주의 사회를 자임하고 있습니다. 어떻게 보아야 할까요?

그 문제를 따져보려면 민주주의 사회의 기본 철학부터 확인해보아야 합니다. 사실 민주주의는 사회구성원들이 자신을 통치할 지도자를 선거로 뽑는 단순한 절차적 문제가 아니거든요.

민주주의는 말 그대로 민(民)이 주인(主)인 체제로, 영어 데모크라시의 어원으로 살피면 '민중(Demos)'의 '지배(Kratos)'를 뜻합니다. 민주주의란 곧 '민중의 자기통치(self - government)'라는 학문적 정의도 같은 맥락입니다. 그러므로 민주주의의 고갱이는 '누가 지배하는가?'에 있습니다. 민주주의 사회에서 권력의 주체는 민중이어야 하니까요.

일반적으로 정치학에선 대다수 성인에게 시민의 권리가 보장되어 있고, 시민이 그 행사를 통해 최고 정부 공직자에게 반대할 수 있으며, 나아가 투표로 그의 권력을 박탈할 수 있는 체제를 민주주의라고 정의합니다. 민주주의의 기초 상식처럼 다가오는 말이지만, 최고 공직자를 투표로 선출하지 않는 사회가 21세기에도 여전히 있습니다. 민주주의의 상식적 가치를 가볍게만 볼 수 없는 이유입니다.

하지만 최고 권력자를 국민이 투표로 선출하고 바꿀 수 있는 정치제도는 민주주의 사회의 최소강령입니다. 민주주의 사회에 대한 최소강령인 '초보적 민주주의'를 마치 '완성된' 민주주의처럼 인식하게 됨으로써 더 나은 민주주의로의 진전을 가로막을 수 있기에 유의해야 합니다.

그럼에도 사회구성원 대다수가 민주주의 사회를 대통령과 국회의원에 대한 투표 행위 정도로 좁게 생각한다면 안타까운 일입니다. 자본주의는 민주주의 사회의 절차와 정치적 평등을 왜곡할 정도로 심각한 경제적 불평등을 만들어내고 있기 때문이지요. 현대 자본주의 사회, 특히 신자유주의가 퍼져가면서 민주주의가 껍질만 남는 현상까지 나타나고 있기에 더욱 그렇습니다.

우리가 이미 논의했듯이 자본주의 사회가 곧 민주주의 사회는 아닙니다. 민주주의 사회가 곧 자본주의 사회는 더욱 아니지요. 민주주의의 최소강령인 보통선거권조차 그 '산모'는 자본주의가 아니었습니다. 영국이나 프랑스의 민주주의 발전사를 들여다보더라도 초기의 자유주의, 부자들만 선거권을 가졌던 민주주의가 보편적인 자유민주주의로 발전되는 데는 아래로부터의 민중의 투쟁이 있었음을 쉽게 확인할 수 있었지요.

시민혁명 뒤 민주주의 사회의 전개 과정에서 가장 큰 변수는 언제나 지배세력과 민중 사이의 힘겨루기였습니다. 시민혁명으로 지배세력이 된 상공인 세력과 노동자를 비롯한 사회구성원 절대 다수─바로 그들이 민중이지요─사이의 힘의 관계가 고스란히 그 나라의 민주주의 수준을 결정했으니까요.

상공인 세력의 힘이 커질 때 사회경제적 불평등이 커지면서 민주주의는 약해졌고, 반대로 민중의 힘이 커질 때 사회경제적 불평등을 줄여감으로써 민주주의는 한 단계 더 진전했습니다. 역사적 전개 과정을 볼 때 민중, 특히 노동계급은 가장 일관되게 민주주의를 발전시켜온 세력입니다.

튼튼한 경제력을 지닌 사람들은 민중의 힘이 자신들의 지배 자체를 위협하는 상황에 이르지 않도록 여러 가지 물리적·이데올로기적 장치를 만들어놓았습니다. 민중의 투쟁으로 제도화된 보통선거권도 이미 민주주의가 완성되었다는 이데올로기로 이용되고 있지요. 마치 누구나 평등을 누리고 있는 것처럼 교육하고 선전함으로써 민중이 경제적 불평등을 정치적 문제로 인식하는 것을 가로막습니다.

여기서 중요한 것은 서로 상반되는 힘이 겨루는 무대입니다. 그 공간을 형식적 민주주의의 절차에 지나지 않는다고 폄훼할 수도 있지만 어쨌든 다툼이 일어나는 그곳은 민주주의가 열어놓은 '정치 마당'입니다. 민중은 그 마당에서 적어도 형식적으로나마 지배세력과 평등한 정치적 권리를 확보함으로써 정치운동을 합법적이고 공개적으로 전개할 수 있게 되었지요. 그곳은 민중이 민주주의를 진전시켜나갈 수 있는 토대가 될 수 있습니다. 그 열린 공간의 중요성에 적극 의미를 부여한 개념이 바로 공론장입니다.

공론장과 민주주의의 확장

유럽 사회에서 자본주의와 민주주의가 형성되는 과정을 분석해 독일의 사회철학자 위르겐 하버마스는 '공론장'이라는 새로운 개념을 제시했습니다. 그의 공론장 개념이 세계의 주목을 받게 된 것은 소련과 동유럽의 공산주의 국가들이 무너지면서였습니다. 언제나 민중을 위한다고 공언했던 공산당 정부를 '우리가 민중이다.'라는 구호 아래 무너뜨리는 민중의 모습은 공론장 이론의 설득력을 크게 높여주었습니다. 공산당 지도 체제에 민중의 분노가 분출되는 역사적 사건 앞에서 아래로부터의 정치 공간이 지닌 중요성에 눈뜨게 된 셈이지요. 본디 독일어로 쓴 하버마스의 공론장 개념이 처음 영어 'Public Sphere'로 번역된 것도 그 시점입니다.

같은 시기에 한국 사회에서도 공론장에 대한 논의가 본격화했습니다. 세계 사회과학계에서 그러했듯이 한국에서도 공론장 개념은 '시민사회'와 함께 민주화의 중요한 매개체로 인식되었습니다. 시민사회의 확장이 곧 공론장의 확장이라는 생각은 민주주의를 뿌리내리려는 시민운동의 여러 부문에서 큰 관심을 불러일으켰지요.

어렵게 생각할 필요가 없습니다. 공론장은 '사회를 구성하는 모든 사람이 자유롭고 평등하게 참여해서 여론을 형성하는 마당'입니다. 중세의 신분제 사회에서는 왕족과 귀족(양반)들의 '여론'만 중요했지요. 수천 년 지속된 신분제 사회에서 내내 정치권력으로부터 지배받기만 했던 민중이 시민혁명 이후에는 개개인의 삶에 큰 영향을 끼칠 정치적 결정에 참여하려고 나섭니다.

유럽 사회에서 공론장이 발전하는 결정적 계기가 있었지요. 신문으로 대표되는 대중적 인쇄물의 폭발적 확산이었습니다. 신문을 통해 지배세력과 다른 의견들이 퍼져갈 수 있었던 거죠. 언론을 통해 사회구성원들이 국가의 의사 결정 과정에 한 주체로서 당당하게 참여함으로써 '여론 정치' 시대가 열렸습니다. 과거 신분제 사회에서는 무조건 순종만 하던 개개인이 공중으로 결집하면서 정치권력은 여론을 의식할 수밖에 없었습니다.

사회가 커가는 과정에서 여론은 대단히 중요한 구실을 합니다. 여론이라는 말이 중요한 사회적 의미를 갖게 된 것도 18세기 후반부 터였지요. 그때부터 여론은 '자신의 의견(opinion)을 표현하길 갈망 하는 공중(public)의 비판적 담론'으로 자리잡아갔습니다. 사회구성 원들이 정치와 소통하는 과정과 결과가 모두 여론이지요. 과거처럼 전제군주의 자의적 지배, 또는 기껏해야 귀족들의 의견이 반영된 정 치가 아닌 여론에 의한 정치가 중시되는 사회가 열려갔습니다.

공론장은 그 속에서 모든 사회구성원들이 원칙적으로 동등한 기 회를 가지고 각자의 개인적 성향, 희망, 신조, 곧 의견을 제시할 수 있다는 점에서 민주주의 사회의 고갱이입니다.

법치국가에서 법을 제정하거나 개정하는 과정도 마찬가지입니다. 공론장의 이념을 입법 절차로 제도화한 게 바로 근대 입헌 국가이지 요. 중세 궁정의 '밀실 정치'에서 벗어나 민중 스스로 자신과 사회의 문제를 토론하고 결정하는 새로운 정치 공간이 생성되었다는 점에 서 공론장은 큰 의미가 있습니다.

한국 사회는 『홍길동전』과 『춘향전』의 광범위한 소통에서 볼 수 있듯이 아래로부터 활기차게 형성되어가던 공론장이 밖의 외세와 그와 결탁한 위로부터의 탄압 때문에 가로막혔습니다. 갑오농민전 쟁이 실패한 뒤의 역사는 일본 제국주의의 식민지와 분단 사회로 이 어졌지요.

분단 사회에서 한국 공론장이 지닌 문제점은 신자유주의적 세계 화 아래서 다른 사회와 비슷해져가고 있습니다. 하버마스는 자본이 직접 설립하거나 광고를 통해 영향력을 행사하는 신문과 텔레비전이 여론을 조작한다고 우려했거든요. 실제로 미국의 언론인들과 언론학자들이 잇따라 발표하는 연구 결과에서 보듯이 선진 자본주의 사회에서 공론장에 자본의 영향력이 커져가고 있습니다. 전 세계적으로 자본이 공론장에 큰 영향을 끼치면서, 종래에 정치에 적극 나섰던 공중은 개인주의 공중으로, 문화를 비평했던 공중은 문화를 소비만 하는 공중으로 전락해가고 있습니다.

따라서 중요한 문제는 한국 사회든, 미국 사회든, 유럽 사회든 '사회를 구성하는 모든 사람이 자유롭고 평등하게 참여해서 여론을 형성하는 마당'인 공론장을 민주주의의 토대로서 어떻게 활성화할 것인지에 있습니다. 공론장이 온전히 기능하려면 어떤 사안에 대해 '예'와 '아니요'를 분명히 말할 수 있는 능력을 사회구성원들이 갖추고 있어야 합니다.

모든 권력은 국민으로부터 나온다고 말할 때, 더는 그것을 수사(rhetoric) 차원으로 넘길 일이 아닙니다. 실제 정치 현실로 실현하는 일은 주권자로서 국민의 절대 다수인 민중의 능력에 달려 있기 때문입니다.

민주주의의 성장통과 성숙

주권(主權, sovereignty)은 문자 그대로 '가장 주요한 권리'로서 '국가의 의사를 최종적으로 결정하는 권력'입니다. 사회구성원들이 어떤

주제에 관하여 모든 찬성과 반대의 목소리를 듣고, 모든 적합한 정보를 검토하고, 누구나 토론에 참여한 결과로 정당과 의회와 정부를 두루 포함해 공정한 타협이 이루어지는 사회가 바람직합니다.

우리는 여기서 민주주의 사회를 민중이 주권을 확보해가는 기나긴 혁명 과정으로 이해할 수 있습니다. 군주가 유일한 주권자로 전횡을 일삼던 오랜 역사를 벗어나 민중이 주권을 구현해가는 맥락에서 본다면, 시민혁명 이후 세계사의 전개 과정은 민주주의의 탄생 → 성장 → 위기로 요약할 수 있습니다.

민주주의 탄생 시기에 주권은 지극히 불완전했습니다. 왕족들은 왕의 자리를 쉽게 포기하지 않았거든요. 프랑스혁명 이후에도 왕정을 복귀하려는 반동이 끊임없이 이어졌고 그때마다 민중이 피를 흘리며 싸웠습니다. 투표권이라는 기본 주권도 애초에는 재산이 많은 남성에게만 주어졌다는 사실도 상기해볼 필요가 있지요.

자본주의 체제가 비인간적 착취를 일삼으며 민주주의를 위협하자 노동운동이 일어났지요. 노동자들의 운동이 확산되면서 자본주의 사회 안에서 민중의 주권의식은 크게 성장했고, 바로 그만큼 민주주의도 커나갔습니다.

하지만 신자유주의가 퍼져가면서 주권은 민주주의와 함께 호된 시련을 겪고 있습니다. 주권 개념은 껍질만 남은 채 헌법에 사문화되어 있지요. 무엇보다 사회구성원들이 주권을 자신의 권리로 인식하는 걸 방해하거나 행사하는 걸 가로막는 구조가 엄존하고 있습니다. 그 결과 사회구성원들 스스로 주권을 행사하겠다는 실천 의지도

시나브로 사라져갔습니다.

바로 그 점에서 우리는 민주주의의 세계사적 위기인 현 시기를 민주주의의 '성장통'으로 이해할 수 있습니다. 본디 성장통은 모든 성장에 거쳐야 할 필수 과정이지요.

사회구성원들이 싸움으로 열어온 사회의 성장사를 돌아볼 때, 우리는 탄생 → 성장 → 위기를 거친 민주주의 사회가 위기의 성장통을 잘 이겨내면 성숙의 단계에 이르리라고 전망할 수 있습니다. 그것은 민주주의 사회를 그 주체이자 주권자인 사회구성원, 곧 민중과 더불어 살아 숨 쉬는 생명체로 보는 새로운 틀입니다.

민주주의 사회의 위기를 성숙으로 이끄는 과제, 바로 그것이 우리가 해야 할 일입니다. 그것은 주권을 단지 선언적으로만 이해하는 한계나 주권 행사를 투표만으로 제한하는 정치적 고정관념을 벗어나서, 온전하게 주권을 이해하고 행사하는 것을 가로막는 정치구조를 바꾸는 일입니다.

헌법에 보장된 자신의 주권을 구현하려는 사회구성원들의 정치적 움직임이 폭넓게 일어날 때, 새로운 민주주의 사회, 성숙한 민주주의 사회가 열릴 수 있습니다.

사회 불평등을 부추기는 정당을 왜 지지할까요?

사회구성원들의 절대 다수는 권력이 없고 자본도 없는 사람들인데 그들이 사회 불평등을 부추기는 정당을 지지하는 현상은 지구촌의 거의 대부분 사회에서 나타나고 있습니다.

미국의 정신의학자 길리건은 "사회의 위계질서를 중시하며 타인을 무시하고 경멸하도록 부추기고 불평등을 자연의 법칙으로 찬미"하는 정당이 집권하는 이유를 연구했습니다. 그의 연구 결과에 따르면 불평등이 폭력 범죄를 늘리고, 범죄가 늘어나는 것처럼 보이면 미국인은 인권과 복지를 중시하는 진보적 정책을 비난하고 보수 성향의 후보로 돌아서는 경향이 있다는 겁니다. 범죄자를 단호하게 응징하는 정책에 동의하고, 범죄자의 대다수를 차지하는 저소득층에게 복지 혜택을 '공짜'로 주는 정책에 거부감을 품습니다. 자본의 이익을 대변하는 공화당은 중상류층과 중하류층이 최하류층을 미워하게 만드는 '분할 통치' 전략으로 권력을 거머쥡니다.

기실 폭력 범죄의 주된 희생자는 못사는 사람이지요. 폭력 범죄가 늘어난다 하더라도 잘사는 사람은 어차피 경비원이 지키는 공동 거주 구역 안에서 살거나 비싼 돈을 주고 사설 경비업체를 고용하므로 별로 위협을 느끼지 않습니다. 범죄율과 폭력 발생률이 높아질수록 중산층과 저소득층은 서로를 증오하도록 농락당하며, 자기 호주머니를 진짜 털어 가는 사람은 자신들 가운데 있는 비교적 소수인 좀도둑이 아니라 더 소수인 아주 잘사는 사람들과 그들을 대변하면서 돈을 저소득층과 중산층의 손에서 최상류층의 손으로 옮기는 공화당 정치인임을 깨닫기 어려워집니다.

분할 통치는 높은 범죄율을 부추깁니다. 미국 공화당은 범죄자를 단호하게 다스리는 정책을 내세우지만, 그런 정책은 실제로는 오히려 범죄를 부추깁니다. 여러 총기 사고에서 이미 드러나고 있듯이 미국 10대들의 살인 희생률은 가파르게 오르고 있습니다. 그러나 미국에서 개인의 총기 소유가 법으로 금지되는 일은 여전히 요원합니다. 공화당은 권총 규제에 반대하는 핵심 로비 집단인 미국총기협회를 지지하고, 미국총기협회는 공화당을 후원하기 때문이지요.

미국 공화당은 부익부 빈익빈 정책으로 실제로는 범죄율을 증가시키면서도, 겉으로는 범죄를 엄격하게 처단해서 범죄율을 끌어내리겠다고 주장합니다. 아울러 범죄 대처에 미온적이라고 미국 민주당을 비난해서 유권자들로부터 지지를 받습니다.

역설은 한국 사회에서도 발견됩니다. 정말 생활이 어려운 사람들이 자본의 이익을 대변하는 정치인이나 정당을 대통령 선거나 총선에서 지지하는 양상을 보이고 있으니까요. 이제는 권력과 자본을 대변하는 언론들이 정규직과 비정규직, 비정규직과 실업자, 기성세대와 청년세대 사이를 끝없이 갈라놓고 있는 현실을 직시

해야 합니다. 한 사회에서 절대 다수를 지배하는 극소수가 쓰는
전략은 언제나 '분할 통치(Divide and Rule)'이니까요.

우리 역사에 묻혀있는 새로운 사회의 싹

한국 사회를 성숙하게 유도할 정치를 모색할 때 우리가 짚어야
할 소중한 경험이 있습니다. 집강소(執綱所)입니다. 전봉준이 주도
한 동학농민혁명 시기에 농민군이 점령한 여러 지방 관아에 설치
한 기관이지요. 본디 동학의 교단 조직으로 고을마다 접(接)이 있
었고, 그 대표인 접주를 집강(執綱)이라 했습니다.

동학농민군이 전주성을 함락했을 때 전라도 여러 지역의 치안
과 행정은 마비 상태에 놓였습니다. 이때 전봉준은 전라도 관찰사
와 협상해서 집강소를 두기로 합의했지요. 집강소는 초기에는 분
산적으로 운영되면서 관리와 양반, 부자들에게 약탈당한 억울함
을 풀어주는 기관 역할을 했습니다.

곧이어 전봉준과 김개남은 남원에서 대규모 농민군 대회를 열
고, 각 고을에 집강소를 설치하고 농민군 가운데 집강을 두어 수
령의 일을 행하도록 명령을 내렸지요. 또한 전주에 집강소의 총본
부인 대도소(大都所)를 두었고 전봉준이 전라우도, 김개남이 전라

좌도를 맡았습니다. 이후 집강소는 억울한 일을 해소하는 기관을 벗어나 새로운 질서 수립을 위한 행정기관의 성격으로 강화되어 갔습니다. 결국 전라도 53주읍(州邑)의 관아 안에 집강소가 설치됨으로써 군수나 현령, 현감은 형식상 자리만 지키는 사람에 그쳤습니다.

농민군이 집강소를 설치한 이유는 무엇일까요? 지지부진한 정치 개혁을 직접 자신들의 힘으로 실행하기 위해서였습니다. 농민군이 제시한 개혁의 고갱이는 신분제도의 철폐를 비롯한 정치·경제 제도의 변혁과 반외세였지요. 실제로 농민군은 집강소를 통해 탐관오리와 탐욕적인 부호들을 색출해 징계하고, 신분제도를 무력화해나갔습니다. 세금 체계를 개편하고 고리채도 무효화했지요. 지주의 소작료를 압수하며 지주제도 개혁에도 나섰습니다. 일본으로의 쌀 유출을 엄격히 금지하는 반외세적 정책도 실행에 옮겼지요. 집강소 활동을 통해 농민들은 지역 차원이었지만 자신의 힘으로 자신들의 사회적·경제적 생활 질서를 변화시켜나갔습니다. 그 변화를 통해 농민 스스로 한 단계 더 성숙해갔지요.

한국 사회가 겪은 집강소의 역사적 경험은 1980년 5월 항쟁 시기에 짧았지만 '해방공동체'를 이룬 광주에서 다시 빛납니다. 시민군이 쿠데타군을 광주 밖으로 몰아낸 뒤 스스로 통치하며 우애 넘치는 공동체를 이뤘으니까요.

8장
어떤 경제가 사회에 좋을까?

타이타닉 호. 길이 270미터, 폭 28미터, 높이 30미터, 무게 4만 6,000 톤으로 건조 당시 지구촌에서 가장 크고 호사스런 선박이었습니다. 항공산업이 걸음마 단계였기에 배를 통해서만 대서양을 건널 수 있었던 시절이었지요. 타이타닉이 선보일 때 운항회사는 어떤 풍랑에도 가라앉지 않을 배라고 호언했습니다.

1912년 4월, 영국을 떠나 미국 뉴욕으로 첫 항해에 나선 이 배에는 승객 1,316명과 승무원 908명이 타고 있었지요. 첫 승객을 모집하는 광고는 자못 호기를 부렸습니다. "신이라 하더라도 이 배는 침몰시킬 수 없다(God himself could not sink this ship!)." 하지만 첫 출항에서 빙산과 충돌하며 바다에 잠겨 1,513명이 생명을 잃었습니다.

각각 1912년 4월과 2014년 4월에 일어난 타이타닉 호와 세월호의 침몰은 여러모로 다르지만, 피할 수 있었던 참사였다는 공통점이 있습니다. 타이타닉 호는 항해할 때 근처의 다른 배들로부터 빙산이 있으니 조심하라는 무전 통신을 5차례나 받았거든요. 6번째의 경고 전보가 왔을 때에도 타이타닉 호는 무시했습니다. 하지만 40분 뒤에 어둠 속에 나타난 거대한 빙산과 충돌했지요.

경제 성장이라는 신화

미국 정치학자 더글러스 러미스는 타이타닉 호 항로 어딘가에 빙산이 있다는 사실을 모든 승무원들이 알고 있었지만 각자 맡은 일이 있고, 배의 운항을 멈출 수는 없다고 생각했다는 데 주목했습니다. 이를 저서 『경제 성장이 안되면 우리는 풍요롭지 못할 것인가』에서 '타이타닉 현실주의'라는 말로 설명했지요.

마찬가지로 기후 온난화, 사막화, 삼림 벌채, 생물 멸종과 같은 환경 파괴는 물론 빈부 격차, 기아 사태가 날마다 신문과 방송에 나오고 있지만 대다수 사람들은 그것을 중요하게 여기지 않습니다. 선진 자본주의 사회의 정치가들이 마치 '만병통치약'을 팔아먹듯이 '자유화'를 부르짖고 있지만, NAFTA(북미자유무역협정)로 미국의 값싼 옥수수가 멕시코에 들어가 옥수수 농업을 파괴했듯이 이미 여러 문제가 드러났는데도 사람들은 여전히 자유화를 따릅니다. 세계에서 가장 값싼 임금 노동자들을 찾아가는 대기업들의 경쟁이 결국 선진 사회의 실질임금을 내려가게 함으로써 투자 자유화는 곧 '착취의 자유화'인데도 그 문제에 대해 해결을 모색하는 사람들은 '유토피아주의자, 꿈을 꾸고 있는 몽상가, 낭만주의자, 상아탑 안에 갇힌 고지식한 사람'이라 불리고, 그 현실을 지속해가는 사람은 '현실주의자'가 되고 있지요.

타이타닉 호의 바깥에 바다가 있고, 빙산이 있듯이 사회의 바깥에는 생태계, 자연환경이 있기 때문에 현재 상태 그대로 계속 가면 '빙산과의 충돌'이 필연인데도 해결에 나서는 사람들이 비현실주의로 매도되고 있는 현실은 분명 문제입니다. 러미스는 오늘날 지구라는 타이타닉 호에 타고 있는 우리 또한 '빙산'을 향해 가고 있다는 것을 이미 알고 충돌 위험성을 여러 차례 듣고 있지만, 사람들 대다수가 "또 그 얘기?"라며 고개를 젓는다고 개탄합니다.

현실주의적 경제학자들은 타이타닉 호에 "전속력으로!"라는 명령을 내립니다. "속력을 떨어뜨리면 안 된다."라고 부르대지요. 바로 그것이 타이타닉 호의 논리, '타이타닉 현실주의'입니다. 다가올 위험에도 아랑곳없이 성장의 가치를 절대시하는 태도가 '타이타닉 현실주의'이지요.

오스트레일리아 경제학자 클라이브 해밀턴은 현대인들이 '성장 숭배'에 사로잡혀 '경제 성장의 노예'가 되었다고 분석했지요. 그는 '우리는 왜 경제 성장의 노예가 되었는가?'를 묻고 좌파든 우파든 경제 성장을 숭배한다고 꼬집었습니다. 지구촌의 여러 사회마다 경제 성장의 가치를 절대시하거나 숭배하는 사람들이 많고 더구나 그들이 사회를 주도해나가는 위치에 있기에 러미스와 해밀턴의 비판은 깊이 새겨볼 만합니다.

무릇 모든 사회는 경제 없이 유지될 수 없습니다. 경제가 어려우면, 사회구성원들이 굶주려 죽는 상황으로 내몰리기도 하지요. 따라서 경제가 성장하는 것 자체를 반대할 이유는 없습니다. 하지만 한 사회가 경제 성장을 절대시하거나 숭배한다면 바람직하지 않지요. 사람이 모여 사는 사회는 더 높은 인간적 가치가 있어야 하니까요. 물론 절대시하거나 숭배하지 않고 경제를 성장시켜 갈 필요는 있습니다. 더구나 선진국 사회와 비교하면 한국 사회는 아직 성장해야 할 시기입니다. 다만 탐욕스런 상공인이나 금융자본의 힘을 키워가기보다는 아름답게 성숙해가야겠지요. 어떤 경제가 사회에 좋을까를 짚어야 할 이유입니다.

외환위기와 신자유주의의 본격화

한국 사회는 1997년 외환위기를 맞아 IMF의 구제금융을 받으면서 전환점을 맞았습니다. 이때 '개혁'이라는 이름으로 한국 사회의 경제 제도에 급격한 변화가 이루어졌지요. 사회구성원 모두가 '국가 부도만은 넘겨야 한다.'라는 절박한 위기의식에 빠져 있는 상황이었습니다. 이 때문에 많은 사회구성원들이 기대했던 첫 평화적 정권 교체로 김대중 정부가 들어섰지만 IMF의 요구대로 신자유주의 사회를 만들어갔습니다.

그 결과 우리 사회의 경제는 크게 달라졌습니다. 경제적 변화는 그 속에서 살아가는 개개인의 삶과 의식에도 영향을 끼치지요. 가장 대표적인 보기가 '평생직장' 개념입니다. 1997년까지는 암묵적이나마 평생직장 개념이 자리 잡고 있었습니다. 하지만 1998년 이후부터 해고가 자유로워짐으로써 일자리가 늘 불안해졌습니다. 공무원들처럼 평생직장을 지켜가고 있는 조직에 대해서는 '철밥통'이라고 비난하는 사람이 늘어나고 있습니다. 이 모든 게 '세계화'와 '글로벌 스탠더드'를 좇는 '경제 개혁'의 이름 아래 이뤄졌지요.

한국 사회는 IMF 구제금융을 받은 뒤 자본 시장을 '전면 자유화'했습니다. 은행을 비롯한 금융기관은 국가 경제의 중추 기능을 스스로 포기했지요. 수익성만 중시하는 시장주의 경영으로 돌아섰습니다. 노동시장 '자유화'는 걷잡을 수 없을 정도로 진행되었습니다. 숱한 공기업이 '민영화'란 이름 아래 빠른 속도로 개인 자본과 외국인 손으로 넘어갔지요. 시장의 논리에서 자유로운 공공 부문을 찾아보기가 어려운 상황이 되고 말았습니다.

숫자로 볼 때 수출은 줄곧 급성장해왔습니다. 1인당 국민소득 또한 '환율 효과' 때문이라는 분석이 있지만 이미 2007년에 2만 달러를 넘어섰지요. 1995년 1만 달러를 넘어선 뒤 외환위기를 겪으면서 12년 만에 이룬 성과입니다.

하지만 문제의 핵심은 사회구성원 개개인의 삶입니다. 경제 성장의 견인차인 수출이 사상 최대라지만 내수는 끝없이 침체되어갔지요. 대기업들의 수출이 늘어나지만 그에 비례하여 고용이 늘어나는 것도 아닙니다.

이른바 '순수경제학'의 논리에 따르면 대기업이 수출을 주도할 때, 그 기업과 연관 또는 협력 관계에 있는 중소기업에도 혜택이 돌아가야 마땅합니다. 그런데 현실은 전혀 아닙니다. 수출 대기업의 성과와 반비례할 정도로 대다수 중소기업의 경기는 해마다 악화하고 있습니다. 신자유주의 '개혁'으로 수출과 국민경제가 연관성을 상실했기 때문입니다.

처음부터 한국은 자본과 기술, 시장의 상당 부분을 외국에 의존했기에 자립적 재생산 구조를 갖추는 데는 결정적 한계를 지니고 있었습니다. 그럼에도 수출이 전체 경제의 성장을 이끌었던 것은 나름대로 순환 구조를 갖추고 있어서였지요. 수출이 늘어나면 설비투자와 고용이 확대되고 일자리가 늘어나면서 가계 수입도 올라가 내수 활성화로 이어졌거든요.

1987년 노동자 대투쟁으로 임금소득이 상승하면서 내수 시장은 폭발적으로 확대되었습니다. 사회구성원들에게 승용차가 일반화되기 시작한 게 대표적 징표이지요. 수출과 내수의 선순환이 이어지면서 이른바 '수출 입국'이란 말은 국민경제적 의미를 담게 되었고, 그걸 내세워 경제적 안정을 강조할 수도 있었습니다.

그러나 1997년의 구제금융 이후 신자유주의가 본격적으로 퍼져가면서 상황은 크게 달라졌습니다. 수출의 국민경제 파급효과는 점점 떨어졌지요. '규제 완화'라는 이름으로 모든 것을 자본에 맡긴 결과, 생산 공장의 해외 이전이 가파르게 늘어나고 비정규직이 급증했습니다. 수출 주력 업종이 섬유나 의류 같은 노동 집약 산업에서 반도체나 스마트폰처럼 고용 효과가 낮은 자본 집약 산업으로 바뀌면서 고용 불안은 갈수록 더 심각해지는 상황입니다.

신자유주의 사회에서 기업은 모든 경제활동의 목표를 주주(shareholder)의 이익 극대화에 맞춥니다. 그래서 주주 이익을 높이려는 수단이 기형적으로 발전하지요. 인건비를 줄이고 인수 합병으로 주가를 끌어올립니다. 대량 해고를 통해 비용을 줄이면 주주에 대한 배당금이 늘어나겠지요. 수단과 방법을 가리지 않고 높은 배당금을 창출하는 경영자는 상상을 초월하는 연봉이나 스톡옵션을 챙깁니다.

더구나 외국계 자본이 우리 경제에 깊숙이 들어오면서 한국 사회가 생산한 국부를 국민경제의 다른 부문에 재투자할 수 없게 되었습니다. 외국자본이 해마다 천문학적 규모로 이윤을 회수하고 있기 때문입니다. 1992년 증시 개방 이후 2013년까지 외국인 투자자들이 받아간 '현금 배당액'은 53조 3,000억 원에 이릅니다.

한국 사회에서 수출 대기업과 외국자본은 '천국의 생활'을 만끽하고 있지만, 저성장과 양극화 아래서 대다수 민중은 불안과 생활고에 시달리고 있는 게 엄연한 현실입니다.

좋은 경제란 무엇인가?

신자유주의라는 이름 아래 전개된 자본 독재의 경제구조를 근본적으로 바꾸지 않고서는 경제 성장도, 양극화 해소도 이루어질 수 없습니다. 경제 성장의 새로운 틀이 필요한 이유가 바로 여기에 있습니다.

기실 한국 사회가 1960년대 초반 경공업에서 시작해 1970년대의 중화학공업, 1980년대 자동차와 전자 산업, 1990년대 이후 반도체와 IT 산업에 이르기까지 산업의 축을 빠르게 이동하며 성장할 수 있었던 궁극적 힘은 무엇일까요? 어떤 이들은 박정희와 전두환의 '업적'이라고 주장하지만 그런 설명 방식은 왕조 시대의 역사관, 왕을 중심으로 보는 역사와 다를 게 없습니다. 중요한 것은 한 개인인 왕이 아니라 그 시대를 살았던 대다수 사회구성원들의 삶이니까요.

한국 사회가 경제 성장을 할 수 있었던 가장 튼튼한 기반은 그 성장을 담당할 수 있을 만큼 풍부하고 부지런한 노동력이었습니다. 노동력을 뒷받침한 주체는 외국의 다른 사회와 견주어 교육열이 대단히 높은 한국 사회구성원들입니다. 사회구성원 대다수, 곧 민중이 자신은 굶더라도 자식 교육만큼은 책임짐으로써 결과적으로 경제 성장에 절대적으로 필요한 양질의 노동력을 끊임없이 '공급'했습니다. 게다가 저축으로 경제 성장에 필요한 자본을 조달해주었지요.

경제 성장은 하지 않았냐고 주장하는 사람들이 많은데, 결국 경제 성장의 원천은 어디까지나 사회구성원들에게 있습니다.

현재 한국 사회는 대외 의존적 경제와 자본의 독재로 부익부 빈익빈의 심각한 한계를 드러내고 있습니다. 자본이 중심인 사회, 돈이 독재하는 사회를 넘어서는 대안을 만들어나가야 하는 상황입니다. 사실 신자유주의 사회, 자본이 독재를 하는 사회를 극복하는 일은 대다수 사회구성원들에게 정의로울 뿐더러 이롭습니다. 신자유주의 사회에선 직접 생산자인 노동자와 농민만이 아니라 자영업자와 중소기업인들까지 생존권의 위협을 받고 있기 때문입니다. 중산층에서 저소득층으로 떨어지는 가족들이 통계상으로도 무장 늘어나고 있습니다. 2,500만 명에 달하는 취업자, 그 가족까지 포함하면 사회구성원의 절대 다수가 자본이 중심이 아닌 사회구성원 모두를 위한 경제를 희망하고 있습니다.

좋은 경제와 노동의 창조성

자본이 중심이 된 경제와 달리 좋은 경제를 만들기 위해서는 성장의 원천 동력이 노동의 창조성에 있다는 진실을 사회구성원들이 폭넓게 공유하고 공감해야 합니다.

변화의 물결은 지식과 노동의 결합으로 무궁무진할 수 있습니다. 현장에서 일하는 노동자가 처음부터 기획에 참여하고 작업을 설계할 수 있다면 작업을 능동적으로 개선할 수 있고, 새로운 제품 생산도 더 빠르게 소화해낼 수 있을 터입니다. 나아가 다양한 아이디어나 창조적 발상이 쏟아져 나오겠지요.

지식 산업은 아직 전체 산업의 작은 부분이지만, 창조적 노동이 가장 절실한 부문입니다. 그러나 창조적 노동은 지식 산업에서만 중시되는 것은 아닙니다. 사양산업으로 분류되는 곳에서도 노동의 창조성은 새로운 가치를 만들어낼 수 있으니까요.

이를테면 1970년대 한국 수출의 주력이었던 섬유, 피혁, 신발 산업을 흔히 그렇듯이 사양산업으로 취급할 일이 아닙니다. 창조적 디자인과 인체 공학을 더하면 새로운 가치를 창출하는 산업이 될 수 있으니까요. 한발 더 나아가 바이오기술, 나노기술까지 어우러지면 신소재 산업으로서 가능성도 충분합니다. 이탈리아의 패션 산업이 적절한 보기이지요.

21세기는 사회 모든 영역, 경제 모든 부문에서 일하는 사람, 곧 노동자의 지식과 창조성이 자본보다 더 중요한 시대가 되어가고 있습니다. 정보과학기술혁명으로 자율과 창조, 수평적 관계가 어느 때보다 부각되고 있지요.

그럼에도 신자유주의를 내세워 눈앞의 이익에만 급급한 자본은 노동의 창조성을 오히려 고갈시키고 있습니다. 그렇기에 자본과 노동 사이에 갈등이 불거질 수밖에 없지요. 세계적으로 신자유주의 사회에서 비정규직 노동자가 늘어나는 가운데, 특히 한국 사회는 비정규직 노동자가 전체 노동자의 절반 수준인 800만 명에 이릅니다. 비정규직 노동자가 늘어나는 현실과 실업 문제는 경제 성장의 원천인 노동의 창조성을 갉아먹습니다.

노동의 창조성은 개개인의 삶과 자기실현에도 큰 의미가 있습니다. 그러므로 노동의 창조성은 단순히 고용이나 복지 차원의 문제를 넘어서서 새로운 사회를 열어가는 경제적 기반이자 개개인의 자기실현 권리로 이해되어야 합니다.

모든 사회구성원들이 노동의 질적 수준을 높이고, 이를 적재적소로 결합해나갈 때 좋은 경제를 이룰 수 있습니다. 거듭 강조하지만 개개인의 노동의 창조성이 앞으로 경제 발전에 가장 중요한 동력이기 때문입니다.

자본이 중심이 되어 독재를 펴는 신자유주의 사회와 달리 창조적 노동을 중심에 둔 사회에서 일자리 보장과 더불어 중시되어야 할 것은 노동시간입니다. 한국 사회에서 살아가는 사람들의 노동시간은 이 책 들머리에서 짚어 보았듯이 세계 최고 수준입니다. 노동시간 단축은 시간을 줄인 만큼 다른 사람이 일할 자리를 늘릴 수 있기 때문에 일자리 정책에도 중요한 수단입니다.

한국 사회구성원들도 노동시간 단축으로 삶에 여유를 가져야 합니다. 여가를 즐길 권리라고 할 수도 있지요. 일할 권리 못지않게 여가의 권리 또한 자기실현, 삶의 자기 창조에 없어서는 안 될 조건이니까요. 노동시간 단축은 여가만이 아니라 노동 자체의 창조성을 구현하는 데도 필요조건입니다. 노동시간이 줄어들고 여유롭게 쉴 때, 자신의 노동을 성찰하며 창조적인 생각이 떠오를 수 있지요.

노동의 창조성은 노동자들이 스스로 자율성과 책임성을 가지지 않는 한 한계가 뚜렷할 수밖에 없습니다. 강요된 창조성, 단순한 경영 전략으로 다그치는 창조성은 실제로 창조적일 수 없습니다. 자발적 창조성이 중요하지요. 그러려면 노동자를 기업에 종속된 존재가 아닌 기업을 운영해가는 또 하나의 주체로 세워야 합니다. 노동자의 전면적 경영 참여가 필요한 거죠.

노동자의 전면적 경영 참여는 결코 허황된 제도가 아닙니다. '타이타닉 현실주의'처럼 비현실적 주장이라고 무시할 사안도 아닙니다. 실제로 독일 사회는 '노사 공동결정 제도'로 노동자들이 직접 경영에 나서는 첫걸음을 이미 내디뎠으니까요.

독일 사회는 '사회적 시장경제'를 내세워 자유로운 경제활동 못지 않게 사회적 균형을 중시합니다. 기업마다 '직장평의회'를 조직해 놓고, 경영상의 중요한 결정을 할 때마다 노동자들이 경영진과 협의합니다.

독일의 대기업에서는 노동자의 경영 참여 제도가 더 발전해 있습니다. 독일 사회는 노동자가 2,000명 이상인 대기업에 대해 설비투자를 비롯한 경영 전략의 결정권이나 기업을 경영하는 이사회(경영이사회)의 이사 결정권을 갖는 '감독이사회'를 구성하도록 법을 제정했습니다. 그 감독이사회의 절반을 노동자 대표가 맡습니다. 경영이사회의 노무이사를 노동조합에서 직접 임명하는 사례도 많지요. 한국 사회의 어느 대기업처럼 노동조합 파괴 공작을 하는 사람이 노무이사가 되는 일은 상상조차 할 수 없지요.

물론 독일에서도 자본의 저항은 만만치 않습니다. 2000년대 중반에 보수당 정권이 들어서면서 '노사 공동결정 제도 개혁위원회'를 만들어 노조의 경영 참여 범위를 축소하려고 나섰습니다. 명분도 그럴 듯 했지요. 경제 성장을 하려면 외국자본을 유치해야 하는데 노사 공동결정 제도가 걸림돌이라고 주장했습니다. 하지만 '신속한 투자 결정을 방해하고 고용 유연성을 떨어뜨리며 경영권을 침해한다.'라는 그들의 주장은 독일 사회구성원들로부터 지지를 받지 못했습니다. 결국 위원회는 노사 공동결정 제도가 생산성에 악영향을 끼치기보다는 노사 갈등을 줄임으로써 생산성을 높인다는 결론을 내렸고, 법 개정도 백지화됐습니다.

2008년 미국 금융위기 이후 지구촌 여러 사회의 경제가 휘청거릴 때 독일 경제가 가장 튼실하게 굴러갈 수 있었던 동력은 노사 공동결정 제도라는 연구 결과도 나왔습니다. 독일의 '히든 챔피언'으로 불리는 '강소기업'들, 자동차와 화학 산업에서 유럽을 이끄는 독일 경제의 경쟁력은 노동자가 경영에 참여하는 제도에서 찾을 수 있다는 거죠. 독일 사회의 노사 공동결정 제도는 지금도 독일 제조업이 세계 경제를 주도해나가는 튼튼한 기반입니다.

노사 공동결정 제도 못지않게 '기업의 사회적 책임(CSR)'도 법률로 명문화해야 옳습니다. 국제표준화기구가 제시한 CSR의 글로벌 스탠더드인 ISO26000은 기업 "조직의 의사결정에 노동자들의 효율적인 참여"와 "완전하고 안정적인 고용을 통한 삶의 질 향상", "노사정 대화 방식을 비롯한 사회적 대화 프로그램 적극 도입"을 강조하고 있습니다. 하지만 한국 사회의 대기업들은 글로벌 표준의 핵심 원칙들을 준수하지 않고 있습니다. CSR에 대한 여론 형성과 입법이 그만큼 필요한 거죠.

노동자와 주식을 소유한 자본가, 곧 상공인들이 어느 정도까지 권리와 책임을 분담하는지의 문제는 노사 사이의 역학 관계에 달려 있습니다. 노사 공동결정 제도에서 그 역학 관계를 가장 크게 규정짓는 요인은 앞으로 경영 능력일 수밖에 없겠지요. 요컨대 아래로부터 올라오는 노동자의 창조성이 직접 경영의 범위와 운용 방법을 결정하는 핵심 변수입니다.

노동자가 직접 경영하는 다른 방안은 협동조합입니다. 주식회사와 달리 협동조합은 공동의 소유와 민주적 방식으로 관리되는 기업으로 자발적으로 조직된 사람들의 자율적인 조직입니다. 경제 활동을 서로 도와 상품이나 서비스를 팔아 얻은 수익을 나눠 갖고, 조합원이 주인이 되어 소유하고 운영하는 형태이지요. 주식회사가 노사 공동결정제로 운영되어야 한다면 협동조합은 조직 자체가 조합원 공동결정제입니다. 협동조합은 작은 중소기업만 선택할 수 있는 제도가 아닙니다. 실제로 외국의 유력 기업 가운데 협동조합으로 운영되는 대기업들이 적지 않습니다.

침몰한 타이타닉 호가 자본주의를 살렸다?

1912년 4월 첫 출항한 초호화 여객선 타이타닉 호에는 부와 권력, 명예를 지닌 사람들이 많이 탔습니다. 그들은 현재의 화폐 가치로 환산하면 5만 달러(5,900만 원)가 넘는 요금을 내고 일등실에 탔습니다.

1985년 가라앉은 타이타닉 호를 발견했을 때 해저 4,000미터에서 인양한 유물 가운데는 해양박물관에 전시해도 좋을 귀중한 공예품들이 적지 않았습니다. 74개의 다이아몬드로 장식된 백금 펜던트, 1~2캐럿의 다이아몬드가 장식된 백금 반지 따위의 장신구는 일등실에 탔던 사람들의 부가 어느 정도였는가를 실감케 합니다.

3등실 맨 아래층은 최저 요금으로 700명의 이민자들이 타고 있었지요. 빙산과의 충돌로 아래층 승객들은 대부분 잠에서 깨어났지만, 위층 1등실 승객들은 흔들림조차 느끼지 못했습니다. 그만큼 3등실 승객들이 탈출할 수 있었던 기회가 더 많았음을 의미합니다.

그런데 사망자 대다수는 최저 요금 객실에 머물던 승객들이었습니다. 왜 그랬을까요? 선장과 선원들이 3등실 사람들에게 갑판 아래에 그대로 머물러 있으라고 공지했기 때문입니다.

빙산과 충돌 뒤 완전히 침몰하기까지 2시간 40분이나 됐지만 승객 정원 2,435명으로 설계된 이 배에 실린 비상용 구명보트를 모두 사용해도 1,200명밖에는 구조할 수 없었습니다. 결국 2,224명 승선자 중에서 711명만 구명보트에 의해 구조됐지요.

침몰해가는 배 위에서 "여자와 아이들부터!"라는 외침이 있었다는 이야기가 사뭇 아름답게 회자됩니다. 하지만 1·2등실 어린이 승객 사망자는 다 합쳐 1명인 데 비해 3등실 어린이는 3분의 2나 죽었습니다. 여성 탑승자의 경우 1등실은 97%가 생존했지만 2등실은 84%, 3등실은 55%만 살았습니다. 3등실 남성의 경우 462명 중 387명이 숨졌지요. '여자와 아이들부터'라는 원칙도 가난한 사람들에게는 적용되지 않았던 것입니다. 심지어 시신을 수습하는 과정에서도 상급실 먼저라는 원칙을 적용했습니다.

타이타닉 호 탑승자의 구조 과정에서 부자와 빈자 사이에 차별이 있었다는 사실이 알려지면서 미국인들은 생명에도 빈부의 격차가 있느냐며 분노했습니다. 자본주의 사회의 문제점이 극적으로 드러난 사건이기에 계급 갈등으로 번질 조짐까지 보였지요. 미국 의회는 서둘러 부와 특권이 쏠리는 것을 제한해야 한다는 합의를 이뤘고, 사회구성원들에게 소득세를 물릴 수 있게 한 수정헌법 16조가 통과됐습니다. 타이타닉 호에서 숨진 3등실 승객들이 소득세를 제도화하는 데 기여한 셈입니다.

소득세를 통해 국가가 가난한 사람들에게도 도움을 줄 수 있음을 보여주었기에 미국 사회의 자본주의 체제는 러시아혁명 이후 소련의 거센 도전을 견뎌낼 수 있었습니다. 그렇게 본다면 타이타닉 호의 침몰이 자본주의 사회를 살렸다고 이야기할 수도 있겠지요.

경제는 더 성장하는데, 왜 사람은 더 불행할까요?

경제 성장이 숭배의 대상이 됨으로써 오히려 사람을 소외시키고 있다.

경제학자 클라이브 해밀턴의 비판입니다. 그는 좌파든 우파든 모두 '더 잘 살고 더 행복해지기 위해서는 경제가 성장해야 한다.'라는 데 동의한다고 꼬집었지요. 그가 던진 문제, '오랜 기간 경제가 성장해왔는데 과연 우리 사회는 살기 좋은 곳이 되었는가?'는 곰곰이 성찰해볼 가치가 있습니다.

지구촌의 많은 사회에서 경제 성장의 강박관념이 경제는 물론 정치, 문화, 개인 심리에 이르기까지 사회 전체를 조직하고 재생산하고 있습니다. 현대 사회가 산업자본주의에서 소비자본주의로 이행하면서 그 경향은 더 또렷해졌습니다. 사람들이 과거처럼 상품의 효용을 소비하기보다 마케팅과 광고가 만들어낸 브랜드나 로고 같은 '상징적 의미'를 소비하기 때문에 자아의식이나 정체성에도 영향을 끼칩니다. 생산의 영역에 머물던 자본의 이윤추구 방식이 사람들이 먹고 마시고 즐기는 삶의 영역까지 침투한 거죠.

기업을 소유한 자본은 마케팅과 광고를 통해 물질만능주의와 소비지상주의를 부추기면서 광범위한 '문화 공간'을 통해 사람들의 의식을 지배합니다. 소유와 소비를 통해 모든 욕구를 해소할 수 있다고 믿게 만들었지요. 그로 인해 필요 이상의 낭비와 과소비가 걷잡을 수 없을 지경에 이르렀고, 환경 파괴마저 서슴지 않으며 '경제 성장'이 강행되고 있습니다.

현대 사회에서 권력은 이제 시장을 지배하는 기업, 자본으로 넘어갔다고 합니다. 그 밑바닥에는 부자가 되고 싶다는 욕망과 더 많은 소득을 벌면 더 행복해질 거라는 '성장 신앙'이 깔려 있습니다. 굳이 해밀턴의 분석을 인용하지 않더라도, 경제 성장을 마치 신처럼 숭배하고 따르는 모습은 현대 소비자본주의 사회에서 낯선 풍경이 아닙니다. 한국 사회에선 더욱 그렇지요. 신문과 방송이 지금도 성장 신화를 강조하고 있으니까요.

소비자본주의 사회가 굴러가는 모습을 자세히 분석하면 경제 성장이 행복을 만드는 것이 아니라, 불행이 경제 성장을 지탱해준다는 사실을 발견할 수 있습니다. 사람들이 자신의 소비생활에 만족하지 못하는 상태를 계속 부추겨 물건을 사도록 조장하고, 그렇게 이윤을 남김으로써 자본주의 체제는 강화되어 갑니다. 그것을 광고 산업이 맡고 있지요. 텔레비전과 인터넷에 넘쳐나는 광고는 사회구성원들에게 소비를 끊임없이 '선동'합니다. 소비를 많이 하려면 더 많은 돈을 벌어야 하죠.

자본이 주도하는 경제 성장은 행복을 주기보다는 오히려 행복을 주던 많은 요소들, 곧 개인의 정체성과 가족, 공동체, 환경을 파괴하고 있습니다. 모든 사회구성원들이 경제 성장을 숭배할 때 어떤 일이 벌어질까요. 모두가 "돈! 돈! 돈!"을 외치겠지요. 새삼 '타이타닉 현실주의'를 떠올리게 됩니다.

9장
세계 시민으로 살아가려면

20세기 말과 21세기 초에 걸친 30년 동안 지구촌의 시간과 공간은 빠르게 좁혀졌습니다. 정보과학기술의 혁명으로 세계가 실시간으로 이어지고 있지요. 신자유주의적 세계화가 지구촌에 퍼져가고 있을 때 일어난 큰 변화입니다.

사회 성장의 역사

한 사회에서 일어난 일이 곧바로 지구촌의 다른 사회에 영향을 주고 있습니다. 2008년 9월에 미국 월스트리트에서 폭발한 금융위기는 시차도 없이 다른 곳으로 퍼져갔고, 지금까지 세계 경제의 장기 침체 국면으로 이어지고 있습니다. 한국 사회의 경제도 미국 금융위기에 큰 영향을 받고 있지요. 사우디아라비아 사회에서 낙타를 매개로 퍼져간 메르스(중동호흡기증후군, Middle East Respiratory Syndrome)가 2015년에 서울은 물론, 한국 사회 곳곳으로 전염되는 모습은 '지구촌'이라는 말을 실감케 합니다.

이 책에서 짚었듯이 인류의 직계 조상인 호모 사피엔스가 네안데르탈인과 달리 가족을 넘어 작은 '사회'를 처음 만들었을 때와 견주면 눈부신 성장이라 하지 않을 수 없습니다.

인류가 기껏해야 50명 안팎의 사회를 이루며 살기 시작했을 때 이미 갈등의 씨앗은 심어졌습니다. 작은 규모의 사회들이 서로 다른 사회와 접촉할 때 소통은 쉽지 않았습니다. 네안데르탈인에 비해 가족 단위를 넘어섰다고 하지만, 그들보다 뛰어난 능력은 거기까지였습니다. 씨족과 씨족 사이의 싸움이 끝없이 이어졌고, 곧이어 다시 부족과 부족 사이에 끊임없이 전쟁을 벌였으니까요. 싸움에서 패한 쪽은 노예가 되었고 신분제도가 자리잡아갔습니다.

씨족사회에서 부족사회로, 곧이어 국가사회로 변화해가는 과정을 한 사람의 일생에서 보여준 사례가 있습니다. 세계사에서 가장 큰 제국을 건설했던 칭기즈칸이 그 '주인공'입니다. 작은 부족끼리 서로가 서로를 죽이던 몽골족을 마침내 하나로 묶어세우는 과정, 곧이어 국가를 선포하고 다른 국가를 정복해가는 과정은 당사자에게는 영웅의 서사시일지 모르지만, 그와 함께 그 시대를 살았던 지구의 수많은 사람들을 참혹하게 죽이는 학살극이었습니다.

동양 사회든, 서양 사회든 인류가 서로 혈통이나 인종이 다르다고 해서 '적'으로 규정해 서로를 죽이던 야만의 시대를 벗어나는 데에서 큰 전환점은 시민혁명입니다. 프랑스 시민혁명 과정에서 전면에 나온 '자유, 평등, 우애'는 비단 프랑스 사회구성원들만이 아니라 모든 인류 사회구성원들이 꿈꾸어오던 가치이지요.

모든 사람이 자유롭고 평등하고 우애롭게 살아가며 개개인 안에 있는 능력을 꽃피우는 사회는 인류 사회가 언젠가는 도달해야 할 성숙한 사회의 풍경입니다. 실제로 인류는 그 방향으로 발전해왔습니다.

왕, 1인의 자유에서 모든 사회구성원의 자유로, 신분제도를 제도화한 불평등 사회에서 모든 사람이 평등한 사회로, 남성과 여성이 불평등한 사회에서 남녀가 평등한 사회로, 이웃 씨족이나 부족과 민족을 적으로 몰아 죽이는 야만에서 모든 인류의 우애로 조금씩 걸음을 옮겨왔습니다.

세계 시민과 열린 마음

인간의 역사가 과연 진보해 왔는가라는 물음에 회의적인 시선을 던지는 지식인들이 끊임없이 등장해왔지만, 그 누구도 부정할 수 없는 명백한 사실이 있습니다. 인류는 좀 더 자유롭고, 좀 더 평등하고, 좀 더 우애롭게 성장해왔습니다.

물론 그 방향이 반드시 일직선으로 이어지지는 않았습니다. 때로는 거꾸로 가는 후퇴 국면도 있었지요. 하지만 긴 역사의 눈으로 볼 때, 사회가 더 자유롭고 평등하고 우애롭게 성장해왔다는 진실을 보수든 진보든 외면할 수 없을 터입니다.

그래서 지구촌의 모든 사회들이 정보과학기술혁명으로 촘촘하게 이어진 지금, 특정 사회의 틀을 넘어 인류 보편성에 근거해 '세계 시민'으로 살아가야 한다는 이야기가 힘을 얻고 있습니다.

'시민'이 신분제 농촌사회에서 성곽도시의 구성원으로서 자유, 평등, 우애를 꿈꾸며 행동에 나선 주체였다면, '세계 시민'은 그 꿈을 민족이나 한 국가 차원을 넘어 지구촌에 실현하려는 사람들입니다. 지구촌의 모든 인류는 평등하고, 세계는 인류의 공동체라고 세계 시민은 생각합니다. 자신이 속한 사회를 중심으로 다른 사회를 보고 우열을 가리는 태도에서 벗어나 지구촌을 향해 열린 마음, 다른 사회를 있는 그대로 이해하는 열린 자세를 갖춰야 합니다. 21세기 사회를 살아가는 사람들이 갖추어야 할 미덕이지요.

물론 세계 시민은 결심만 한다고 이뤄지지 않습니다. 우리 모두는 특정 사회에서 살아왔기 때문에 어쩔 수 없는 편견을 갖게 마련입니다. 그것을 넘어 다른 사회, 다른 사람을 이해하려는 개개인의 노력이 필요하지요.

가령 한국 사회의 기성세대 다수는 백인과 흑인을 차별해 후자를 서슴지 않고 '깜둥이'라 부르며 낮춰보았습니다. 미국 백인 중심의 문화에 큰 영향을 받은 한국 사회 전반의 분위기였지요. 하지만 "검은 것이 아름답다."라는 흑인 인권운동가의 말이 상징하듯 피부의 검은색과 흰색은 옳고 그름이나 우열의 문제가 아니라 단지 다름의 문제입니다. 황색도 마찬가지이지요.

다행히 피부색으로 우열을 가르는 인종적 편견은 한국 사회에서 많이 사라지고 있습니다. 한국 사회의 10대들이 특정 색을 '살색'으로 표현하던 인종차별적 색 이름을 '살구색'으로 바꾸는 데 앞장서기도 했지요. 하지만 아직도 백인 앞에서는 열등감이나 선망을 느끼고, 흑인이나 동남아시아인들 앞에서는 우월감을 느끼는 사람들이 적지 않습니다.

한국 사회구성원들이 세계 시민이 되는 길을 가로막는 더 큰 걸림돌이 있습니다. '세계로 향한 열린 마음'이나 '세계화' 또는 '글로벌 스탠더드(Global Standard)'를 신문과 방송, 인터넷에서도 강조하고 있지만, 뜻밖에도 '세계'나 '글로벌'에 대해 정확하게 알고 있는 사람들이 한국 사회에 많지 않기 때문입니다.

세계로 향한 '열린 마음'을 갖추려면, 자신이 어느 곳에서 닫혀 있는가를 먼저 알아야 합니다. 자칫 '우물 안 개구리'가 우물의 테두리로만 하늘을 보면서도 자신이 열려 있다고 주장하는 꼴이 될 수 있으니까요.

미국 변호사가 놀란 독일 사회의 모습

구체적 보기를 들어볼까요. 미국 사회에서 태어나 하버드대학교와 로스쿨을 졸업한 뒤 40여 년을 이름난 변호사로 활동해온 토머스 게이건은 우연한 기회에 독일을 두 달 동안 방문하고 큰 충격을 받았습니다. 미국 사회구성원 대다수가 그렇듯이 게이건도 독일이라면 '재미없는 곳'이라고 생각해왔는데, 실제 경험한 독일은 그의 표현을 빌리면 '천국'이었습니다. 무엇보다 일하는 사람들에게 1년에 6주의 휴가가 보장된다는 사실에 놀랐지요.

미국 사회에서 일에 파묻혀 지냈던 게이건은 독일을 비롯한 유럽의 여러 사회는 미국보다 1인당 GDP는 낮지만 교육, 의료보험과 같은 공공재를 무료로 향유하고 있다고 이야기합니다. 또 유럽인들이 누리는 6주 휴가의 가치를 금액으로 환산할 경우, 유럽인 1인당 GDP는 대폭 올라간다고 강조합니다. 더구나 미국 사회와 달리 젊은 부부가 아이를 낳으면 자녀 수당에 보육비까지 국가에서 지원해주지요. 대학까지 교육비가 무료이고, 실직하면 실업수당이 나오는 사회를 보고 미국 변호사는 처음엔 어리둥절했습니다.

정년퇴직해도 연금이 나오기 때문에 먹고살 걱정이 전혀 없는 사회에서 살아가는 사람들은 표정에서부터 여유가 넘칠 수밖에 없습니다. 한국 사회에서 '복지'를 이야기하면 대뜸 '인기영합주의(포퓰리즘)'를 떠올리는 사람들은 아마도 그렇게 하면 국가 경쟁력이 떨어지지 않느냐는 질문을 던질 법합니다. 하지만 독일 사회의 경제는 세계 그 어느 나라보다 튼실합니다. 세계 최고의 제조업 국가로 꼽히지요.

게이건은 미국 사회에서는 중산층도 일자리를 잃으면 아무 대책이 없기 때문에 해고되지 않으려고 휴일에도 울며 겨자 먹기로 일할 수밖에 없다고 고백합니다. 그는 독일 훔볼트대학에서 미국 노동법을 강의하면서 학생들에게 미국 사회에선 노동자들을 멋대로 해고한다고 알려주었는데 아무도 믿지 않더라고 증언했습니다. 독일 사회에선 불가능할뿐더러 노동자들이 경영에 참여하고 있으니까요.

게이건은 미국 사회에 돌아와 자신이 받은 충격을 사회구성원들과 나누고 싶어 2010년에 『미국에서 태어난 게 잘못이야(Were You Born on the Wrong Continent?)』라는 제목으로 책을 출간합니다. 그는 미국인이 사회복지에 전혀 관심 없다며 그 이유를 힘주어 말하지요. "경쟁에서 이기는 데에만 온 신경이 쏠려 있기 때문"이라고요. 그는 또 유럽에서 "인상 깊었던 것은 풍요로움이 아니라 사람들의 얼굴 표정, 두세 가지 언어를 구사하는, 어딘가 교양 있어 보이는 얼굴 표정"이었다고 회고하며 "반면에 여기 미국에서는 연예인에 대한 생각으로 머릿속이 꽉 차 있는 아이들의 얼굴만 보게 된다."라고 한탄했습니다.

참담한 한국 사회의 현실

어떤가요? '한국 사회와 너무 비슷하다. 10대들의 머리는 연예인으로 꽉 차 있고, 사회구성원들이 경쟁에서 이기는 데에만 온 신경이 쏠려 있다는 지적은 더욱 그렇다.'라고만 생각한다면 큰 착각입니다.

미국 변호사는 유럽과 견주어 미국 사회는 노동시간이 너무 길다고 개탄했지요. 유럽 사회는 연간 평균 노동시간 1,500시간이고, 미국 사회는 1,800시간입니다. 한국 사회는 어느 정도일까요? 2,100시간에 이릅니다. 물론 실제 노동시간은 미국 사회도, 한국 사회도 공식 통계보다 더 길지요. 미국 사회에 태어난 게 잘못이라고 개탄하는 미국 변호사 앞에서 한국 사회에서 살아가는 우리는 어떻게 이야기해야 할까요?

노동시간만이 아니라 미국 사회와 한국 사회는 상공인들, 곧 자본가들의 사고도 다릅니다. 먼저 다음 말을 새겨볼까요.

> 우리 정치 지도자들은 고통분담을 요구하면서도 저와 제 부자 친구들은 늘 제외해줬습니다. 저희들은 의회의 사랑을 충분히 받았습니다. 이제 정부가 고통분담을 좀 더 진지하게 고민해야 할 때입니다.

누구의 말일까요? 부자들에게 세금을 더 거두라고 요구하는 이 발언은 미국의 세계적 부호 워런 버핏의 말입니다. 그는 과거 조지 부시 정부가 '부자 감세'를 추진할 때도 반대했습니다. "부자에게 세금을 더 걷자."라는 버핏의 공개적 주장에 미국 사회구성원들의 95 퍼센트가 찬성했고, 대선 과정에서 부자 증세를 공약한 버락 오바마 대통령도 환영했습니다. 실제로 미국의 자본이득세율은 높아졌지요. 미국 사회 안팎에서 '버핏세'로 부릅니다.

그런데 한국 상공인들의 의식 수준이 얼마나 천박한가는 나라 안 팎에서 화제가 된 지 이미 오래이지요. 미국을 대표하는 신문에 한 국의 대기업 회장 2세들이 노동자들의 인권을 짓밟는 행태가 크게 부각되어 실리기도 했습니다. 그럼에도 한국 상공인(기업인)들은 전 혀 성찰이 없지요.

'자본주의는 악마'라고 외친 미국의 시위대

솔직히 미국 자본가와 한국 자본가를 비교하는 글을 쓰는 심경은 참 담합니다. 전자는 선, 후자는 악이라고 생각하지도 않습니다. 실제로 미국 사회에서는 자본가들을 비판하는 시위가 거침없이 벌어지기도 합니다.

2011년 가을 내내 미국 뉴욕 중심가인 월스트리트에서 날마다 점 거 시위가 벌어졌지요. 한국 사회에서 집회와 시위가 벌어질 때마 다 언론들은 경찰 당국에 강경 대응을 주문하면서 언제나 미국 경찰 을 보기로 들었습니다. 미국에선 시위대가 '폴리스라인'을 넘어서는 불법 행위를 저지를 때 경찰이 총을 쏘아도 무방하다고 주장했지요.

하지만 미국 사회구성원들이 월스트리트에서 '불법' 점거 운동을 벌이던 내내 경찰의 발포는 없었습니다.

월스트리트 시위에 나서 미국 사회의 민중이 내건 구호들은 파격입니다. "자본주의는 악마다."라고 외쳤지요. 왜 그런 소리가 나왔는지는 미국 금융가를 조금만 들여다보아도 알 수 있습니다. 2008년 9월 월스트리트를 강타한 금융위기 때 미국 정부는 파산 또는 그 직전의 금융기업들을 살리기 위해 7천억 달러의 세금을 투입했습니다. 당시 한국 돈 840조 원에 이르는 천문학적 액수로, 대한민국 전체 예산의 2배가 넘습니다. 그 돈이 뱅크오브아메리카, JP모건체이스, 골드만삭스를 비롯한 월스트리트의 금융기업으로 들어갔지요.

하지만 그 세금을 받아 살아난 금융기업들은 곧이어 황당한 잔치를 벌였습니다. 2009년 골드만삭스와 JP모건체이스의 직원은 1명당 각각 59만 달러와 46만 달러의 보너스를 받았습니다. CEO들의 연봉은 더했지요. JP모건체이스의 CEO 제이미 다이먼은 2010년 기본급과 스톡옵션을 포함해 2,080만 달러를 받았습니다. 우리 돈 300억 원이 넘습니다. 뉴욕멜론은행의 CEO 로버트 켈리 또한 2011년 8월 물러나면서 1,720만 달러를 챙겼습니다.

왜 "자본주의는 악마"라는 구호가 나왔는지 이해할 수 있지요. 미국 투기자본의 '대부'로 불리는 조지 소로스조차 "솔직히 말해 시위대의 감정을 이해할 수 있다."라고 털어놓았으니까요. 미국 〈뉴욕타임스〉도 지적했듯이 월스트리트에서 수십 명 수준으로 시작된 시위가 들불처럼 번진 것은 '신자유주의적 자본주의 체제에 대한(미국 사회의) 각성'을 뜻합니다.

　더러는 자본가나 자본주의라는 말을 쓰는 것 자체에 거부감을 느낄 사람도 있겠지만, 한국 사회도 이제 그런 편견에서 벗어나야 옳습니다. '자본주의'란 문자 그대로 자본이 중심인 사회라는 말인데 그것을 불편해 할 아무런 이유가 없지요.

어떤 정치와 경제가 좋은 사회를 만들까?

지금 한국 사회는 지구촌 자본주의 가운데 가장 낡은 형태가 뿌리내려 있습니다. 이윤만 추구하는 자본에게 모든 규제를 풀어주다 보니 10대들의 목숨을 뺏어간 세월호 참사까지 일어났지요.

　하지만 한국 사회에 절망하긴 이릅니다. 2010년대에 들어오면서 한국 사회에서도 '복지'가 쟁점으로 부각되고 있으니까요.

　기실 미국 사회와 독일 사회의 차이를 설명하는 이론도 있습니다. 한국 사회구성원들 대다수는 자본주의라면 곧 미국식 자본주의를 생각하죠. 물론 앞서 보았듯이 한국 사회는 미국 사회와도 차이가 있지만, 어쨌든 자본주의 모델이라면 미국 사회를 떠올립니다.

　한국 사회에선 미국식 정치경제체제가 선진국 사회로 가는 '유일한 모델'로 고정화되어 있습니다. 세계화가 경제와 제도를 '신자유주의 사회'라는 하나의 모델로 수렴시키고 있는 것이죠. 자본주의 수렴화 이론은 신자유주의적 경쟁체제를 '글로벌 스탠더드'로 전제하고 있습니다.

하지만 21세기 들어 이미 지구촌의 여러 사회에서 '자본주의 다양성(VOC)' 이론이 논의되고 있습니다. 자본주의 다양성 이론은 선진 자본주의 사회가 '하나'가 아니라며 그 유형과 특징을 설명합니다. 가장 많이 알려진 유형은 '주주 자본주의'와 '이해 관계자 자본주의'입니다. 미국 변호사가 생활 속 체험을 기록한 미국식 자본주의 사회와 독일식 자본주의 사회를 설명하는 개념이지요. 기업이 주주들의 이익을 중시하는 사회가 전자라면, 후자에서 기업은 주주만이 아니라 '이해 관계자'인 노동자와 지역사회구성원들을 아우릅니다. 독일 기업의 노사 공동경영이 그 보기이지요. 생산체제를 기준으로 자유시장경제(liberal market economy)와 조정시장경제(coordinated market economy)로 나누고, 시장경제를 기준으로는 자유시장경제와 사회적 시장경제로 구분합니다. 말 그대로 자유시장경제는 생산과 소비를 비롯한 모든 경제 영역을 전적으로 시장에 맡김으로써 '자본을 가진 사람의 자유'를 중시하는 체제입니다. 조정시장경제나 사회적 시장경제는 자본이 지배하는 시장을 방관하지 않고 정부가 조정하거나 사회적으로 통제하는 체제입니다.

쉽게 접근하면 미국식과 유럽식으로 나눌 수 있습니다. 미국식 신자유주의 사회가 자본에 대한 규제를 줄여가고 있지만, 유럽식 사회는 자국 제도의 안정성과 비교 우위성을 극대화해가고 있습니다.

따라서 세계 시민으로 살아가려면 무엇보다 먼저 미국식 자본주의를 유일한 선진 사회로 전제하는 획일적 이해에서 벗어나야 옳습니다. 미국식 신자유주의 체제만이 세계화이고 글로벌 스탠더드라는 논리, 또는 그것만이 경쟁력을 강화한다는 논리는 모두 근거 없는 일방적 주장입니다. 한 사회에서 정치와 경제가 어떻게 연관되느냐에 따라 다양한 사회가 가능하니까요.

어떤 정치가, 어떤 경제가 좋은 사회를 만드는지 성찰하고 더 성숙한 사회를 만들어가야 옳습니다. 궁극적으로 모든 인류가 자유롭고 평등하고 우애롭게 살아가며 저마다 지닌 재능이 꽃피는 사회, 자신이 몸담고 있는 사회에서 그 이상을 구현해나가는 주체가 바로 '세계 시민'입니다.

지구촌의 남북문제는 무엇인가요?

남과 북으로 갈라진 분단 사회는 한국 사회의 주요 특성입니다. 그런데 지구촌 또한 심각한 남북문제를 앓고 있습니다. 신자유주의적 세계화로 가난한 나라들이 주로 사는 지구 남쪽과 선진 자본주의 사회들이 자리하고 있는 지구 북쪽 사이에 격차는 갈수록 커져가고 있습니다.

국제통화기금(IMF)이 한국 사회에 신자유주의 체제를 이식시킨 1997년에 이미 가장 부유한 20퍼센트의 국가들이 세계 GNP의 84퍼센트, 세계 무역의 84퍼센트, 세계 국내 저축의 85퍼센트를 차지하고 있었습니다. 특히 미국은 세계 목재의 85퍼센트, 세계 가공금속의 75퍼센트, 세계 에너지의 70퍼센트를 소비하고 있지요.

국제적십자사연맹(IFRC)이 2011년에 발표한 『세계재난보고서』에 따르면 2010년 현재 세계 인구의 20퍼센트인 15억 명은 비만으로 고민하고 있는 반면에 15퍼센트인 9억 2,000만 명은 영양실조로 고통 받고 있습니다. 너무 많이 먹은 영양 과다의 비만 인구가 너무 먹지 못한 영양실조 인구보다 많이 나온 것은 통계상 처음입니다. IFRC 사무총장은 성명에서 "자유로운 시장의 힘이 상호 작용한 결과"라고 분석했고, IFRC 아시아태평양 담당 국장은 기자회견에서 "과다영양으로 인한 사망자가 기아 사망자보다 많다는 것은 두 얼굴을 가진 스캔들"이라고 꼬집었습니다.

독자가 책을 읽고 있는 지금 이 순간에도 5초가 지날 때마다 지구촌의 어린이 한 명이 굶어 죽습니다. 이 '21세기 야만'의 가장 큰 원인은 곡물 가격의 급등에서 찾을 수 있지요. 세계화로 몇몇 다국적 기업들이 전 세계 농업 무역의 대부분을 지배하고 있기 때문입니다. 가령 전 세계 밀, 옥수수, 커피, 파인애플 거래의 90퍼센트, 쌀과 바나나의 70퍼센트를 소수의 다국적 기업이 '관장'하고 있습니다.

세계적 차원의 신자유주의, 자본 독재가 일으키는 심각한 문제점은 곡물 가격에서만 나타나는 게 아닙니다. 미국이 벌인 이라크 침략 전쟁도 '석유 자원'을 안정적으로 확보하고 통제하려는 '자본 독재'의 패권주의에서 빚어졌으니까요.

지상의 모든 사람이 인종과 국가의 틀을 넘어 평화롭게 사랑하며 살아갈 수 있는 새로운 세계는 인류의 오랜 이상이지만 인류가 거기까지 도달하기엔 갈 길이 아직 멀지요. 자신의 국가 이익을 위해 다른 인종, 다른 민족, 다른 사회를 유린하는 패권 국가가 현실에 존재하고 있기 때문입니다. 그 부당하고 낡은 질서를 새로운 사회로 바꿔나가려는 새로운 세대의 도전은 끊임없이 이어지리라 믿습니다.

한국에 사는 외국인들을 어떻게 만나야 하나요?

한국 사회는 이미 '세계화' 되어 있습니다. 외국인 관광객 수만 보더라도 1962년 1만 5,000명이던 방한 외국인 관광객은 2014년에 1,420만 명으로 급증했습니다. 나라 밖으로 여행가는 한국인도 1962년에는 1만여 명이었지만, 2014년에 1,608만 명에 이릅니다.

잠깐 머물다 가는 관광객들만 늘어난 것은 아닙니다. 한국 사회에서 살고 있는 외국인 체류자는 2014년 8월 현재 158만 명이나 됩니다. 아시아에서 온 사람들이 절대 다수로 134만 명입니다.

그런데 적잖은 한국인들이 피부색으로 외국인을 차별합니다. 적어도 10대들부터는 백인들을 대하는 자세와 아시아인, 아프리카인을 대하는 태도가 다르지 않았으면 합니다. 우리 스스로 아시아인이고 황색인종이면서 유색인종을 차별한다는 사실을 백인들이 안다면, 우리를 어떻게 볼까요.

심지어 아시아에서 온 사람들을 '잠재적 범죄자'로 흘겨보는 사람들이 있습니다. 신문과 방송이 외국인 범죄를 부각해 보도하기 때문이지요. 하지만 객관적 통계가 입증해주고 있듯이, 외국인이 저지르는 범죄율은 내국인의 범죄율과 견주어 절반도 안 됩니다.

외국인 노동자들은 한국 사회에서 이른바 '힘들고(difficult), 더럽고(dirty), 위험스러운(dangerous) 3D 직종'에서 일합니다. 많은 사람들이 그 일을 피하려고 하지만, 기실 그 일은 한국 사회에서 누군가가 해야 할 일입니다. 그렇게 본다면 한국 사회가 오히려 외국인 노동자들의 도움을 톡톡히 받고 있는 셈이지요. 그 외국인들을 차별하는 언행은 참으로 부끄러운 모습입니다. 3D 직종의 일들을 덜 힘들고, 더 깨끗하고 덜 위험스럽게 만들어 내국인과 외국인들이 더불어 보람을 느끼며 일하는 사회를 일궈가야겠지요.

학교 안팎에서 곁에 있는 외국인이나 외국인 자녀들을 어떻게 대하는가는 바로 자신의 인권 의식, 더 나아가 인격을 가늠해주는 잣대입니다. 인종이나 국적과 관계없이 한국 사회에서 살아가는 모든 사람을 평등하게 대하는 자세, 문화적 차이는 존중하되 차별은 하지 않는 태도가 성숙한 사람으로 커가는 길입니다. 텔레비전과 기성세대로부터 자기도 모르게 영향을 받아 형성된 편견을 고치고 청소년들이 자기 눈으로 '사회'를 보는 길이기도 합니다. 오늘의 10대들이 꿈을 펼칠 미래는 아시아가 선도해나갈 수 있기에 더욱 그렇습니다. 한국 사회를 지구촌의 모든 사람들이 살고 싶은 사회로 만들어가는 10대들과 이 책이 만나기를 소망하는 까닭입니다.

어떤 '사회적 관계'를 맺어갈까?

지금까지 "SNS 즐기며 '사회'도 모른다면"이라는 다소 예의 없는 질문으로 시작해, 사회와 나는 어떤 관계일까를 짚어보고 사회는 어디까지 커 왔을까, 또 앞으로 어떻게 성숙할까를 9개 장으로 나누어 논의했습니다.

사회가 개인처럼 성장한다는 관점에서, 신분제 사회를 정면으로 부정하고 나선 시민혁명을 개인의 나이로는 15살 안팎 시기로 진단해 보았지요. 신분제 사회가 시민혁명을 전환점으로 민주 사회로 성장했고, 지금은 돈을 중심에 놓은 신자유주의 때문에 위기 국면을 맞고 있다고 분석했습니다.

앞으로 인류 사회가 더 먼 미래로 발전하는 과정에서 자유롭고 평등하고 우애로운 사회를 꿈꾼 시민혁명은 출발점입니다. 개개인의 삶을 보면 15살은 자기 눈으로 세상을 보기 시작하는 나이입니다. 인류가 엄격한 신분제 아래 다른 사람을 부려먹었던 사회를 벗어나려는 움직임은 '철이 들었다'라고 평가받을 만한 전환점입니다. 그 시기를 '사회의 나이' 15살로 본 까닭입니다. 개인처럼 사회도 커간다는 독창적 접근이지요.

사회가 커온 과거를 돌아보면, 신분제 사회에 마침표를 찍기까지 수많은 사람들이 피를 흘렸습니다. 개개인이 성장할 때 겪는 고통이 있듯이 사회도 마찬가지입니다. 지구촌 전반에 신자유주의가 퍼져가면서 지구 사회 전체가 '성장통'을 겪고 있습니다.

개인이 그렇듯이 사회도 구성원들 다수가 비판적 사고로 옳고 그름을 냉철하게 따져갈 때 비로소 성장통에서 벗어나 성숙해질 수 있습니다. 성숙한 사회를 만들기 위해 지금 할 일은 어렵지 않습니다. 정보과학기술혁명이 열어 놓은 '사회적 네트워크 서비스'를 통해 말초신경을 자극하는 호기심이나 잡담에서 벗어나 친구들과 새로운 사회의 꿈을 나누는 관계를 형성해갈 때 세상은 바로 그만큼 앞으로 나아가겠지요. 어쩌면 친구들 또한 참된 사회적 관계를 갈망하며 외로움에 젖어 있을 수 있기에 더 그렇습니다.

새로운 사회의 꿈을 나누는 관계 맺음은 개인이 성숙해가는 길이자 우리 사회가 성숙해가는 길입니다. 이 책이 그 관계를 맺어가는 길에 작은 도움이 되기를 소망합니다.

15살이 될 때까지는 사회와 나를 떼려야 뗄 수 없는 관계로 파악하기가 어려울 수 있습니다. 누구나 그랬듯이 아직 폭넓게 생각할 나이는 아니니까요. 더구나 그 나이 때까지 '사회화' 과정을 거치거든요. 사회화(socialization)는 한 사회에 태어난 사람을 그 사회에 적응할 수 있도록 성장시켜가는 과정을 뜻합니다. 사회생활을 하는 데 필요한 지식과 예의를 배우며 익히는 과정인 동시에 길들여지는 과정일 수도 있지요.

따라서 15살을 넘어 20대가 될 때도 사회와 나를 전혀 별개로 인식하고 사회에 무관심하다면, 그 사람의 미래는 투명하게 보입니다. 평생 사회에 예속되어 살겠지요. 반면에 15살 안팎에 자기 눈으로 사회를 보기 시작한다면, 그 사람의 성숙과 사회의 성숙은 떼려야 뗄 수 없는 관계가 되겠지요. 이 책이 '사회를 아는 만큼 내가 보인다.'라고 부제로 강조한 이유입니다.

어쩌면 이미 경쟁에 쫓기며 살아가고 있을 10대와 새로운 '사회적 관계'를 맺으려 이 책을 쓰면서 기성세대를 대상으로 쓴 책들에서 일부이지만 몇몇 대목을 인용했습니다. 딴에는 친근하게 쓰려고 최선을 다했지만 낯설고 불편한 대목들도 있을지 모르겠어요. 앞으로 우리 사회의 내일을 이끌어가려면 주체적으로 사회와 자신의 삶을 탐구해 가야겠지요.

우리 앞에 놓여 있을 시간과 공간에서 여러분과 더 깊게 만날 수 있기를 바랍니다. 참으로 자유롭고 평등하고 우애로운 사회, 자연을 파괴하지 않고 공존하는 '생태 사회'를 독자와 함께 '접속'하고 싶으니까요.